JN439172

# 사랑은 남는 것

이명희 수필집

계간문예

문인의 집 윤병로, 이명희 《主婦生活》 화보

## 2층 양옥집

文學評論家 尹柄魯 氏宅

응접실 겸용으로 쓰이는 서재에서 세 따님에게 동화를 읽어주는 자상한 아빠 윤 병노씨. 1,500여권의 장서가 꽂혀 있는 티크재의 서가와 우인들의 친필 족자가 어울려, 문인 집안의 정갈한 분위기를 돋궈 준다. 막내를 안고있는 윤 병노씨 옆이 맏딸 명아. 뜨게질하는 부인 이 명희 여사 옆이 두째 선아.

撮影·李昌煥記

그때 그 집 (서교동)

크리스마스 우리집 이야기

# 사랑은 남는 것

## | 작가의 말 |

시대가

던진 사색…!

그

색채를

함께 펴보기 위하여~

책을 출판해 주신 정종명 이사장님께 감사드립니다.

2020년 겨울

이명희

■ 차례

## 제2부 일과 사랑

## 제3부 사랑은 남는 것

## 제4부 Noel, 그 겨울

# 제1부

# 주막의 노래 그 사랑

# 사랑의 색깔

바람은 나무를 흔들고, 시대時代는 사람을 흔든다.

그렇게 일어나는 물결은 태양의 각도에 따라 입체적 색깔을 연출한다. 그 창조주의 본질, 그 사랑의 질서 안에서 아름다운 빛을 본다.

사랑에도 색깔이 있다. a magic!

그리스도의 사랑은 빨간색 ; 생명 상징,

부모의 사랑은 하얀색 ; 늘 변함없는,

형제의 사랑은 노란색 ; 우애와 경쟁,

친구의 사랑은 초록색 ; 즐거운 질투,

이성 친구의 사랑은 파란색 ; 시원한 마음,

이성 간의 사랑은 무지개 색 ; 설렘, 농도의 변화,

부부의 사랑은 은색銀色 ; 닦아야 빛나는 보화.

살아 있는 사랑은 삶의 에너지다.

"stay - at - home"

"you well and safe from COVID 19…!!"

외국에서 보내주는 친구의 한마디, 그 뜻이 고마워 집에만 있다 보니 평소에 느끼지 못했던 사람의 마음, 그 사랑의 색色을 보게 된다.

사람과 사람의 격리에서 오는 그리움이, 상상像想 안에서 사랑의 색깔로 그려졌다.

"하이 파이브!"

사회적 거리 두기는 인간 절정의 기쁨, 그 표출도 차단 시켰다. 포옹도….

집에 갇힌 시간이 길어지면서 지나간 시간과는 달리, 새로운 아이디어가 나오는 흥미 있는 일상이 되어가고 있다.

글을 쓰다 풀리지 않아 답답할 때, 부엌은 시원한 휴식처다. 외식으로 닫혔던 입맛, 그 어머니의 밥상을 생각하며 음식을 만들다 보면 하루가 짧다. 거실의 창문을 활짝 열고 음악을 들으며 셀프 요리를 즐기는 맛~, 그 맞춤 식단 개발은 즐겁다. 7분 국은, 영양이 집약된(면역력 중심) 식재료의 단순화다.

청소도 취미가 되는 날들이다. 스스로를 보며 놀란다.

"최악은 혼자 살아남는 거다."

지구 밖에 생명체가 존재하는 행성을 찾아 날아다니던 우주 비행사의 말이다. 맞다! 너와 내가 없는 1인칭 사회, 사랑의 부재不在는 형벌이다.

전 세계를 하나의 문제로 떨게 만든 바이러스 앞에서, 어제의 가치價值는 허상이 되어버렸다. 무역 전쟁? 핵무기 개발? 참으로 "헛되고, 헛되도다" -전도서 1:2

최첨단 과학시대, 다 되는 줄 알았다. 우주과학, 생명과학, 복제양까지~

인간의 한계 앞에서 무릎을 꿇는 것이 기도다. 생명은 신의 영역이다. 인간 스스로 다 할 수 있다는 망상에서 깨어나야 할 때가 아닐까. 우주를 얼마나 아는가. 겨우 4%라고 한다. 하늘 위에 하늘들~ 우주 만상의 질서를 아는가. 지금 우리는 백신을 찾게 해 달라고 기도할 뿐….

생존 앞에서 인간은 단순해진다.

먹고, 일하고, 사랑하고 그리고 기도하는 것이다.

접촉 우려가 적은 거리 노점에서 색색 과일, 야채를 사는 아기자기한 재미가 생겼다. 그 곳엔 맑은 미소가 있다

이웃 사랑에 눈을 뜰 때다. 한 사람의 바이러스는 우리 모두의 바이러스가 된다는 것을….

주먹 터치로 악수를 대신하는 진풍경! 그 정치 지도자들의 사랑은 무슨 색色일까.

바라보는 유리창에 바람이 꽃을 피운다.

혼자 춤을 추게 하는 이 시대가 아프다.

# 선물이 있는, 크리스마스

선물은 행복이다. 주는 사람도 받는 사람도 선물포장 리본을 푸는 그 순간, 그 눈빛이 가장 아름답다.

크리스마스트리 아래 크고 작은 선물상자를 장식하고, 가족, 친지들이 모여 서로 선물을 나누는 영상이 특별히 클로즈업됐던 영화, '푸른 화원'은 지금도 그 기쁨, 색깔이 생생하다. 배경은 전시戰時였지만 가난한 선물이 더 큰 감동을 주었다. 헝겊으로 기운 오래된 드레스를 입은 딸들이 마련한 어머니의 선물은 털 슬리퍼, 그 마음이 담긴 선물을 가슴에 안고 눈물을 흘리던 어머니의 모습은, 내 소녀시절 크리스마스 선물의 의미를 알게 해 주었다.

12월이면 트리를 만들고 선물을 하는 우리 집 크리스마스도 그래서 소박하다. 어느 해는 줄줄이 나가는 학비 등~ 해서 아이들 선물은 얼렁뚱땅 포장한 작은 초, 그 착한 아이들의 조용해진 눈망울들이…, 짠하게 남아 있다.

/~저 깊고 깊은 산속 오막살이에도 탄일종이~/

크리스마스가 오고 있는 12월이면, 종소리만 들어도 무언가 기쁨으로 들뜨던 흰 눈이 내리는 거리는, 사람들에게 보이지 않는 크리스마스가 주는 선물이다.

방이 없어 말구유에 뉘인 아기 예수, 얼마나 추웠을까. 때문에 가난한 사람들에게 위안이 되어 주신…, 그 빛은 크리스마스 선물이다.

> 판잣집에 / 바람이 불면 / 천정엔 별이 뜬다. / 사다리를 타고 올라가 / 못을 박는 밤에는 / 별들이 / 함박눈처럼 쏟아져 내렸다 /
>
> – 이명희 시집에서

아, 그 눈물, 그 선물, 50년 대 새벽 송을 돌 때다. 어느 산 비탈 옆은 천막집에서 새어 나오던 불빛, 겨우 얼굴 만한 종이창에 비친 두 손을 포갠 기도하는 가냘픈 손 그림자, 따다~닥 꼬마의 손뼉 치는 소리가 흘러나왔다. '고요한 밤, 거룩한 밤, 주 예수 나신 밤~', 평생 가슴에 그려진 뜨거운 선물이 되었다.

〈크리스마스 벽걸이〉, 플라코의 그림 이야기다.

성탄절에 맞춰 허름한 교회를 서둘러 수리, 완성된 기쁨, 그 순간 눈 폭풍이 몰아쳐 벽에 구멍이 났다. 트리 장식을 사러 시내로 가야 하는데 자동차 배터리 고장, 휴~ 버스를 타고 시내 칼바람을 피해 들어선 골목 안에 웬 골동품 가게, 아, 멋진 벽걸이가 눈에 들어왔다. 달랑 15달러를 털어 주고 샀다. 교회 벽에 난 구멍에 딱 맞는 사이즈다! 돌아오는 길, 사나운 날씨 때문일까, 오지 않는 버스를 기다리던 정거장에서 낯선 할머니가 주는 따뜻한 차와 과자를 먹던 중~ " 아! 그 벽걸이… 어디서?… 내가 만든… 60년 전 나치 독일에서… "

다음날 벽에 회칠하러 온 할아버지가 벽걸이 앞에 서자, 돌이 되었다.

“아니, 이 벽걸이 어디서… 대체 어디서… 이건 내 아내 이름 첫 글자!!”

할머니와 할아버지 상봉~,

“정말 당신이 맞아요? 오랫동안 기다렸어요.”

“여보…, 여보!” 그들은 각각 죽음의 길로 끌려갔었는데… 폭풍의 기적이다.

IMF 구제금융 OK 사인을 받아 들고 날아온 날은 12월 24일, 경제 특사의 말이다. “크리스마스이브의 선물이었다.”

그때 그 숨가쁜 국민적 기쁨을 어찌 잊겠는가.

크리스마스 장식이 가져다준 기적, 스페인, 독일, 암스테르담, 프랑스 그리고 미국 달라스, 온 나라 골목마다 크리스마스 아트, 그 눈부신 장식들, 그 의미~.

작은 일 하나하나가 깊은 뜻에 따라 아름답게 엮여 있었다는 것을 본다.

아, 메리 크리스마스!

한반도에도 크리스마스 기적이 일어나기를 기도한다.

초코파이 하나에 촛불 하나를 켜고 기도하던 어느 아이의 눈빛을 그리며….

빛의 축제! 그것은 선물이 있는 크리스마스다.

# 수필계의 대부, 윤재천 회장님

어느 해 가을 충무로 '엘가'에서 문우와 브런치를 하고 있을 때였다. 휴대폰이 울렸다.

"이명희 선생이신가요?"

"?"

"전 현대수필 윤재천 주간입니다."

"아, 네…!?"

나는 찻잔을 놓치듯 탁자에 내려놓았다.

"…짧은 수필 한 편 부탁드립니다."

"네…, 언제까지…?"

"쓰시는 대로 보내 주시면 감사하겠습니다."

젊고 조용한 음성, 원고 청탁, YES!

윤재천 회장님과는 정식으로 인사를 나눈 적은 없지만 20여 년 전, 한국수필 세미나에서 들은 그분의 특강은 인상적이었다. 서주序奏가 그랬다. blue jean 에세이스트로 알려진 그대로 색채가 새로웠다. 수필 형식의 고답적 담론, 진부, 그대로 돌아가는 리코딩을 들고 나온 그냥 강사가 아니었다.

윤재천 교수님의 명성은 문단 소식을 통해 익히 알고는 있었지만, 그분이 왜 수필계의 대부인지는 그의 저서 '수필문학론', '현대수필작가론', '수필아포리즘'도 있지만 다른 장르와의 하모니를 강조한 퓨전수필, 시사수필, 시 같은 수필, 그 다채로운 형식론에 공감, 수긍하게 됐다.

시대의 변천, 속도를 예견 주시하며 수필 장르의 독보적 색채를 갈아입히는 것에 몰입하는 윤재천 교수님의 모습은 마치 팔레트를 들고 이젤 앞에 선 화가 같기도 했다.

개인적인 교류가 없는 회장님의 청탁이니 어렵기도 하고 해서 곧바로 원고를 전송해 드렸다. 내용은 원로 정한모 시인의 저녁 초대로 긴자의 유명한 덴부라, 맛집 가을 산책~ 이방의 연말 우수를 그린 간결한 에세이였다.

그 후에도 어쩌다 문단 행사에서 먼 빛으로 뵈면, 늘 말씀이 없고 차분한 분이라 조심스러워서 인사도 못 드렸다. 경기도 안성의 양반, 그 조신한 예의 앞에서 그 누가 감히….

아, 내가 국제PEN문학상을 받던 날, 조명을 받으며 스테이지로 걸어 나오는 신사는 분명 서양화가의 색조, 그 의상을 갖춘 분이 수필 부문 심사평을 하는 게 아닌가. Surprise! 딱 맞는 단어다.

'작가 이명희는 특유한 향기가 있는 자기답게 살아가는 시 같은 수필을 쓴다. 수상작 '행복이 드는 길' 또한 아포리즘 같은 문장을 통해 많은 어록을 쏟아 내며 세계 속 예술가와 마주 앉는다.' 행복한 눈물이… 네, 감사합니다!

윤재천 교수님의 수필 철학_, '수필은 삶의 과정을 작가의 렌즈에 맞춰 예술적 그래픽으로 그리는 것이다.'

미수米壽를 실감할 수 없는 청청靑靑하신 윤재천 회장님, 88色 꽃다발로 축하드립니다.

# 순수, 그 사랑

순수純粹는 무심히 핀 꽃이다.

다가가는 순간, 빛은 스러진다. 문득 눈에 들어온 풀꽃의 미소, 그 기쁨이 순수다.

인생은 무수히 스쳐간 사람들의 판화다. 기억되는 색, 그것은 기쁨이 된 사람이 아닐까.

그 어디엔가 존재하는 것만으로 행복해지는… 그 파란 별이 있는 한 삶은 봄날이다. 연재하고 있는 에세이 칼럼 원고를 밀어 놓고 문을 나섰다. 바람이 매섭다. 그래도 나뭇가지들은 물빛이 돌고 있다. 까칠한 겨울옷을 벗은 거리는 투명하다.

집 근처 아트센터 빌딩 안에 있는 이탈리안 레스토랑은 이미 사람들로 꽉 차서 빈자리가 없었다. 오전 11시, 브런치 타임은 그렇게 인기가 있다. 아트홀에서는 앙상블, 트리오, 샹송, 그리고 때로는 일반 영화관에서 보기 드문 영화 상영이 있다. 오늘은 '오직 사랑뿐'을 관람하는 날이다. 글의 마무리도 생각할 겸 일찍 나왔으니 느긋이 시간을 보내야 한다. 넓은 유리창으로 차단된 실내 공기는 부드럽고 아늑했다. 들고 나는 사람들의 여유로운 포즈, 웨이터의 깔끔한 매너, 그리고 팬케이크와 수프, 붉은 베리무스와 커피향이 섞인 부유한 분위기에, LED 숨은 조명이 마음을 쉬게 한다. 유리창의 촉촉한 스멜에 기억이 젖는다.

/봄비를 맞으면서/ 충무로 걸어가면/ 쇼윈도 글라스에 눈물이 흘렀네~/

전후戰後, 가난해서 우산은 없어도 연인을 그리는 낭만, 그 떨리는 현인의 허전한 음성이 왜 생각나는 것일까.

사랑은 살아가는 힘이다. 사랑만은 빈부 격차가 없다. 웃음소리가 들린다. 경제 가치를 우선으로 하는 Z세대! 디지털맨이여! 사랑의 본질을 아는가.

얼마 전, 학창 시절 그 친구의 이메일이 떴다. 열어보는 순간 와~ 그의 수상 소식, 국제적으로 권위를 상징하는 Award !!!

기쁘고, 자랑스러웠다. 국내 일간지에 실린 그의 기사와 사진, 기억의 눈에는 그대로 미소년이다. 그래서 옛날 친구가 좋은 것이 아니겠는가.

같은 여자 친구와는 무언가 다른 느낌이고, 연인과는 또 다른 감정을 어떻게 표현해야 할까. 서양에서는 Coffee, Lunch, Dinner로 친구 사이? 그 거리를 짐작할 수 있다고 한다.

합리적인 사고다. 그래서 일까. brunch에는 친구들 모임이 많다.

# 축배

이명희

해외海外에서
날아온 이메일, 그
친구의 찬란한
수상 소식!
그 기쁨은
연이 되어, 하늘 높이 솟아올랐다
한 잔의
샴페인, 그 거나한
축배!
오늘은 물리적 거리가 실감 되는 날이다
눈빛 보다
강한 언어言語가 있을까
마주칠 수 없는
Cheers~!!
아, 솟아라 솟아라
나의 친구
연이여, Congratulations !!!

하얀 양송이 수프에 그린 브로콜리가 살짝 보인다. 마치 흰 눈 사이로 돋아나온 새싹인 듯 사랑스럽다. 버진 올리브 오일과 발사믹, 여기에 갓 구워 낸 따끈한 밀빵~ 아, 노르망디의 노란 밀밭, 베로나의 그 올리브 숲, 그리고 50년 만에 첫사랑을 만나는 배경이 된 포도농원, 이태리 시골 태양에 붉게 탄 그 남자 주인공의 첫 대사가 웃긴다.

"아, 그대로야!"

언어는 마음과 다른 말을 할 수 있다. 그러나 그 두 연인의 눈빛은 빛났다. 순수 그 사랑을 본다. 여행으로 스쳐간 그때 15세 영국 소녀와의 해후다.

순수純粹, 그것은 갓 피어난 풀꽃의 미소다.

# 스마트 퓨처

"맛이 어때?"

"뭐, 그냥"

"나는 음식을 먹을 수 없어서…"

"하긴, 넌 불고기 맛도 모르겠구나."

가사도우미 지능로봇과의 대화다.

기계에 지능을 넣는 것은 인간이다.

어제는 친구 초대로 새로 문을 연 작은 레스토랑에서 식사를 했다. '버섯전복솥밥이 나왔다. 웨이터가 뚜껑을 열었다. 하얀 김이 서렸다. 예쁜 앞접시에 보기 좋게 담아 주는 그 젊은 웨이터의 귀에는 금빛 링이 반짝였다. 찬 그릇을 세팅하는 그의 섬세한 손놀림, 그 부드러운 표정은 감칠맛을 깊게 했다. 분위기는 모던 Cafe, 메뉴는 한식, 작고 세련된 그릇과 음식, 그 빛깔의 조화가 완전 예술이다. 명란과 아보카도 덮밥은 여름 색이다. 가격 또한 소박하다. 재구성된 새로운 디자인이 있는 그곳은 행복한 시간을 주었다. 기계가 줄 수 없는 따뜻한  그 정情은 인간만이 갖고 있으니까.

인재들의 초지능이 장착된 기계는 모든 것을 할 수 있게 될 것이다. 근육 노동은 물론 감성적 언어 까지도….

"사랑해 당신을!"

"?…, 넌 기계야, 심장이 없잖아."

"그래서 난 슬퍼."

"사랑은 하트에서 나오는 거야."

'Smart Future'는 인공지능 활용의 확대로 가사는 물론 문학, 예술, 교육, 의료 등 우리의 상상을 초월하는 편안한 세상을 열어 갈 것이다.

그러나 '모두를 위한 하나(One For All)'는 사랑이 전제되어야 한다. 인간 중심의 접근으로 사람들의 행복이 보장되는, 그 공공 이익이 우선돼야 할 것이다. 모든 기계를 작동시키는 Key는 인간이 갖고 있다.

'험한 세상의 다리가 되어' 팝 음악은 역사상 가장 위대한 곡 중 하나로, 폴 사이먼(Paul Simon)이 작사, 작곡한 노래다. 그는 다양한 장르 음악 융합을 통한 혁신을 시도했다. 음악 수용자들이 들어야 하는 새 노래를 만든 사람이다.

디지털 시대의 새 지성인은 웹사이트의 무한한 지식정보를 흡수, 분석, 재창조하여 스마트 미래를 예측할 수 있어야 한다. 살아 있는 혁신(Living Innovation)을 리드할 수 있는 자만이 디지털 시대가 요구하는 새로운 인재다.

〈다시, 책으로〉의 저자, 메리언 울프(Maryanne Wolp)는 하버드 출신, 인지신경 학자다. 디지털 매체에만 몰입하는 청소년은 뇌의 읽기 회로가 지워져가고 있다고 한다. 이는 비판력, 반성, 공감과 이해, 성찰력이 저하되는 점에 주목, 그 사회적인 심각성을 주지하고 있다.

소프트웨어 중심은 문학이다. O2O(Online To Offline)의 책

읽기 통로. 그 균형을 생각할 때다. 스마트 퓨처! 그 신세계는 인간의 행복, 맑은 환경, 투명한 사회 시스템, 그리고 아름다운 문화 예술이다.

감성은 인간에게 준 창조주의 선물이다. Emotion의 미학은 인간의 본질이다. 스마트한 미래는 선善한 프로세스로 성공하는 것이 오늘날 우주의 가치다.

휴머니즘을 토대로 하는 문학만이 인공지능 시대의 꽃이 될 것이다.

"안녕하세요?"

"따끈따끈한 식사가 완성되었습니다"

인공지능 밥솥, 그 음성으로 아침을 여는 세상…!?

# 아, 한여름 밤의 꿈

그 여름이 다시 오고 있는 것일까. 모처럼 초원의 빛이 창문으로 다가왔다.

아득히 먼 옛날, 소년에게서 이메일이 날아왔다.

R~,

'Hi, how have you been 'M H',

It has been too long since I saw you last !!!'

이제 어른이 된 그는 매스컴을 통해서, 세계의 저명한 석학이 된 것은 알고 있었지만, 아직도 나에게 그는 그냥 미소년으로 남아 있다. 60년대 유학을 떠난 후, 지금까지 그곳에 살고 있다.

'I do remember the summer church camp, we all went together.'

그 시절 교회 고등부에서는 여름이면 캠핑을 갔다. 회비는 쌀 한 되, "캠프 간다지? 엄마가 벌써 회비 냈으니, 너도 가라."

"남학생도 가는데…? 엄만…",

"안다, 넌 중학교 때 YMCA 영어 반에 갔다가 남자애들 있다고 하루 가고 그만둔 거, 이젠 너도…"

그때, 자녀에 대한 어머니 마음이 어떤 것인지 알게 되었다. 따뜻한 기억이다.

'I asked you to come forward for the singing competition, Do you remember?

Dr–,

아, 50년 만의 질문??

네, 기억해요. 별과 칸소네가 흐르는 강변의 숲, 그 한 편의 시를 어떻게 잊겠어요. '마리아 마리~' 그 Tender한 목소리에 잠겨 있을 때, "M H!", "?" 낯선 눈빛으로 다가와 그의 노래 다음 타자로 나를 지명했지요. 그때 주위의 시선 집중이 따가웠어요. 우리는 완전 모닥불이 됐지요. 선망과 시샘의 카오스, 그 눈총들, 숨이 막혔어요.

/ 소년이 처음으로/ 내 이름을 불렀을 때/

/소녀는 Amapola가 되었네. /

아, 그 날은 '별은 빛나고~'를 불러야 했는데… Tosca, 내가 제일 좋아하는 오페라가 아닌가.

R~,

'Wow, your massage is so poetic and beautiful!! ~I really enjoyed reading it.'

전후 그 어려운 시절, 캠프래야 식사는 큰 가마솥을 돌 위에 걸쳐 놓고 남학생들이 주변 밭에서 구해 온, 호박, 감자,

고추, 파 등을 숭덩숭덩 썰어 넣고 커다란 레션(ration) 깡통에 든 햄과 고추장을 벌겋게 풀어서, 참나무 가지로 불을 때서 끓인, 국 한 양재기와 밥이었다. 밤나무 그늘에 둘러앉아 불어오는 바람에 땀을 식히며 먹던 그 밥, 꿀맛이었다.

Dr~,

세월은 흘렀어도 눈빛은 변하지 않는 것, 그때, 그곳, 그 시선으로~, 강변 하얀 모래 위에 2개의 텐트, 강물과 높푸른 하늘, 그리고 레몬빛 태양, 그보다 아름다운 일러스트가 있을까요? 우리는 한 시공時空에 조각된 기억을 공유한 특별한 옛 친구, 우리가 캠핑하던 미사리 강물이 압구정동, 이곳을 지나 흘러가고 있어요.

R~,

'How time has flown so fast, 50 years already!!!

When I come to Korea, I would like to meet you, please continue on writing wonderful poems and essays. Take care 'M H''

무엇보다 기쁜 것은, 나의 순수했던 소녀시절, 그 때 그 이름 'M H'로 불러 주는 친구가 지구에 존재한다는 사실이 감사하다.

한 시대를 같이 살아가며 서로의 성공을 기뻐하고 축하해 주는, 분야는 달라도 저서를 내는 동료가 있다는 것… 그의 책과 나의 시, 수필집이 오랜 시간을 뛰어넘는 다리가 된 것이다.

별이 총총한 밤, 기도를 마치고, 레크리에이션 시간~ 빙 둘러앉아 서로 노래를 시키던, 그 누구나 무심히 스쳐간 바람인 줄 알았는데… "아, 그런가?"

"Do you remember?" 그의 질문, 어려운 수학 문제를 풀고 난 기분이다.

우리는 같은 이름, 명문 고등학생… 나는 모범생 콤플렉스에 걸려 있었다. 영화 같은 시간도 함께 한 적이 없다.

"품격이란 인간이 평생 잃지 않아야 할 보석이다." 팝 뮤지션, 코엔의 말이다.

그러나 단 한 가지 후회되는 것이 있다. 그의 학교 예술제 초대장을 받지 않고 돌아선 것, 감사하지만 미안하다고 말하지 못한 것, 그리고 그 유명한 축제에 참석 못한 것, 난 바보였다.

'마법의 키는 아름다운 추억이다!'

– 해리포터

아, 멘델스존의 '한여름 밤의 꿈'이 흘러나오고 있다.
누구의 가슴에나 한여름 밤의 꿈은 있다.
꿈이 아름다운 것은 현실이 아니기 때문이 아닐까.

# 에세이 비전

〈한국수필〉 300호, 축하합니다.

수필은 실화實話다. 디지털 시대의 독자들이 선호하는 이유다. 작가의 삶, 그 현장의 목소리가 얼마나 그리운 시대인가.

"어떻게 지내세요." '수필로 쓰는 수필가 이야기(1)', 인터뷰 기사를 읽으며 뜨거워지는 그리움이 한겨울의 마음을 에었다. 〈한국수필 영원한 사무국장 이숙 수필가〉, 그 타이틀이 주는 예우에 가슴이 뭉클하다. 이미 10여 년이 지나간 그분의 직책이 아닌가.

1971년 〈한국수필〉은 조경희 회장님이 초석을 세우며 한국문단에 수필의 위상을 드높였다. 당시는 〈수필문예〉라는 비정기간으로 출발하여 계간, 격월간으로 성장, 오늘날 사단법인 월간 〈한국수필〉이 되기까지~, 많은 변모를 거듭하며 이제는 〈한국수필〉의 소유 사무실까지 마련하고, 탄탄한 성장 가도를 달리게 되었다.

현 사무처장 최원현(문협 부이사장)의 사회로 진행되는 이숙 선생에 이어 (2) 김병권 전 부회장과의 인터뷰는 인물과 인물, 그 역사의 뜨거운 강물로 넘쳤다. 시기적절한 기획이다.

에세이에 대한 국내외 논제는 각설하고, "문학은 문자로서 기록된 모든 저작물이다." 저명 평론가(조연현)의 이론에 바탕을 둔다.

영국의 수필가, 시인, 찰스 램(Charls Lamb)은 1775년生, 예명: 엘리아, 그는 영국 수필의 걸작으로 평가받은 〈엘리아의 에세이(Essays of Elia)〉와 수상록이 있다. 그의 에세이 이론 이전, 이미 222년 전, 프랑스의 에세이스트 몽테뉴(Michel Montaigne) 1533년, 프랑스 사상가, 시인. 그는 16세기 미학의 공헌자다. 그러나 그는 어떤 학파, 그 틀에 메이기를 거부하는 자유주의자다. 그의 모든 저서 중에 〈Essays〉는 그를 세계적 인물로 만든 대표작이다. 또한 그의 〈이탈리아 기행문〉은 몽테뉴의 스타일로 인정한 미문美文이다. "모든 일반적 이론과 형식은 관습의 산물이다."라는 주장을 하는 몽테뉴는 현세의 문제에 관심 갖기를 강조, 삶과 세계에 관하여 긍정적이다. 그의 확대된 사고는 다른 장르와 상호 견인 작용을 적절하게 포용하여 수필의 영역을 광범위하게 확대시켰다. 미와 예술은 시각의 차이일 뿐이다.

한마디로 몽테뉴는 틀이 없는 사고思考의 소유자다.

에세이는 지성과 새로운 지향성을 유머와 페이소스(Pathos)로 연주하는 음악적인 문체, 그 이상 또 무엇이 있겠는가. 세계 역사적 인물과 작품을 통해 본 Essays의 페이스다.

시대는 인간의 배경이다. 지금 우리는 디지털 시대를 살아가고 있다. 속도, 압축, 다양성이 생명인 빅 데이터에 의해 원소적으로 분석되어 정확히 전달되는 정보통신기술(ICT) 시대다.

이미 세계는 수필 같은 장시長詩와 짧은 소설이 보이기 시작했다. 근래 출간되는 자전적 소설은 읽다 보면 수필로 착각할 정도다. '나'가 화자가 된다. 이 시대 문학의 장르에도 융합(Convergence)바람이 이는 것일까.

디지털 시대의 문학의 흐름을 지켜본 바로 에세이는 시적인 사색과 소설적 미학, 즉 스토리텔링을 담고 있다. 여기에 크리틱(critic)한 시각이 살아 있으면 그것이 에세이다.

〈혁신, 5.0〉시대는 독자, 그 수요자의 수용이 그 작의 성패를 가른다. 정보와 지식이 보이는 밀도 있는 내용과 다양한 사고가 집약된 수필은 디지털 문학, 그 에세이 비전이 될 것이다.

거듭 〈한국수필〉 300호! 축하하며, 수필시대의 대로大路를 본다.

# 에세이 이노베이션

한 편의 詩는 한 잔의 茶다.

기계음에서 벗어나서 잠시 쉬어가는 순간의 행복, 그것은 고향이고 사랑이다.

〈혁신 5.0〉시대를 살아가는 우리의 현주소는 정보, 과학, 기술, 수학, 교육 그리고 경영 그 컨버전스(Convergence)에서 이탈되면 살아남을 수 없다. 시대는 배경이다. 모든 생명체는 그 생태계 변화에 순응해야 산다. 곧 주어진 시대의 흐름에 따라서 인간의 사고는 새로운 형식의 옷을 입는다. 문학, 철학, 예술 문화, 그 사조는 관념을 넘어선 시대의 결과물이다.

인상파, 낭만파, 사실주의, 초현실주의가 다 그런 맥락의 조류가 아니겠는가.

차와 음악이 있는 프랑스 카페, 음악은 언어에서 시작된다. 차와 노래를 마시며 싸우는 사람은 없다. 그 순간의 위안과 휴식 그리고 사색은 내가 주인이 되는 자리로 초대한다.

공동혁신의 미래는 한마디로 마케팅의 꽃이며, Emotion의 디자인이다. 수요자의 스마트 라이프를 우선 순위로 하므로 창출되는 시너지 효과를 내는 아이디어가 있기 때문이다. 플랫폼은 이제 기적소리를 들으며 누구를 기다리는 낭만을 떠나서 혁신시대의 플랫폼은 새로운 제품 기능을 더하여 이해당사자 간의 거래를 촉진시키는 통로다. 그 중심에 빅데이터와 코딩이 있다. 아날로그와 디지털의 융합된 스마트폰은 개인과 개인을 연결하여 새로운 가치관을 공유하게 만들어 주었다. 이것은 세계를 하나의 패션으로 묶었다. 옷, 가방, 구두가 그렇듯 또한 모든 건축, 그림, 음악, 춤이 하나가 됐다.

정보의 생명은 신속, 정확이다. 진부한 것을 거부한다. 한눈에 확 들어와야 한다. 새로운 정보는 돈이다.

이미 서구의 문학은 오래된 형식을 벗었다. 미국의 베스트셀러 작가 줌파 라히리(Jhumpa Lahiri. 1967)는 수필 같은 단편소설로 스피디한 뉴요커들이 가장 많이 읽는 소설로 뽑혔다. 그의 첫 단편 소설집은 오 헨리 문학상과 펜/헤밍웨이 상 수상, 그리고 권위의 상징 퓰리처상까지~ 인기 폭발! O2O (Online to Offline), 그 센스를 보였기 때문이다.

터널이 긴 대하소설을 영상으로 밤새워 읽을 수 있을까. 시력 배터리를 교체할 수 있는 눈 과학 시대가 열리기를 기다려야 할 것이다. 페이퍼 문학이 존재해야 하는 이유다.

한국에도 수필 같은 장시長詩와 짧은 소설이 보이기 시작했다. 특히 젊은 신인상 등단 작품이 그랬다. 소통이 포인트가 되는 웹사이트 문학시대가 도래하고 있는 것이다.

수필은 저자 자신을 보여 준다. 독자의 호기심 충족 요건에 딱이다. 근래 출간되는 자전적 소설은 읽다 보면 수필로 착각할 때가 많다. 이 시대, 그 문학 장르에도 컨버전스(Convergence) 바람이 보인다. 수필의 날, 그 기대가 다가오고 있다.

기계의 불협화음에 시달리는 사람들에게 문학은 차 한 잔의 행복이다.

디지털 시대, 그 문학은 한 호흡으로 전달되는 언어 예술을 원한다.

# 옷장과 리펜트

내가 회개(Repent)하는 시간은 계절이 바뀌는 때다.

하늘도 나무도 새로운 빛을 입는 절기, 사람 또한 새로워져야 하지 않겠는가.

물결 없이 여름이 가고 가을이 바스락 소리를 내며 찾아오면 왠지 Strong Coffee 컬러가 시각과 미각을 자극한다.

옷은 사람의 묘사다. 기후 변화에 따라 내면의 색상이 옷으로 표출된다.

살이 비치는 여름옷을 벗어던지고 뭔가 사색이 보이는 가을 옷으로 갈아입으려면 장롱 문을 활짝 열어야 한다. 그때 쏟아져 나오는 옷들이 방안에 가득 쌓이는 순간 나는 머리가 아찔해진다. 도대체 내가 뭘 한 거지?

비싸고 싼 것을 떠나서 소소한 것 하나하나가 다 돈을 지불하고 산 게 아닌가. 철이 바뀔 때마다 마땅히 입을 옷이 없다고 불평하던 마음이 부끄럽고 그 누군가에게 미안하다.

'안 쓰는 물건은 미련 없이 버려라!'

요즘 유행하는 말이다.

새로 등장한 업종, 정리 전문가는 어수선한 집에 들어서기가 무섭게 쌓여진 옷가지, 그릇, 장난감 등을 거침없이 쓰레기봉투에 쓸어 넣어 버린다. 집주인은 안타까운 눈으로 바라볼 뿐…, 넓어진 공간으로 만족해야 한다.

좋은 생각, 안다. 그러나 긴 시간을 함께 해온 내 안에 물건들, 그래도 용기를 내서 추려 내어놓고 보면 만감이 교차된다. 각각 하나하나에 담긴 에피소드가 나를 붙잡는다.

그때 그와 내가 얼마나 고르고 골라서 산 것인가. 빠듯한 외국생활, 그 가벼운 주머니를 털어 산 것인데…. 우체국으로 가는 길목, 불 켜진 작은 마을의 정경이 그려진다.

여행지 곳곳 그 정물들, 사람 인심, 덤으로 받은 알뜰한 기념품들, 핀란드 벼룩시장에서 산 고전 램프, 이젠 고장이 나서 불은 켤 수 없어도 바라보는 것만으로도 얼마나 행복한가. 가물거리는 백야의 등불~.

요즘 심리학계의 새로운 용어가 등장했다. '플러리시(flourish)', 행복이 활짝 꽃핀 상태를 의미한다. 인간의 삶이 플러리시 해지려면 애장품이 필요하다. 그 정물은 에너지를 주고, 시간을 함께 나눈 추억은 기적을 낳는, 진주보다 귀한 의미를 준다. 성취의 힘은 의미 있는 삶이다.

사물의 가치는 그 기능, 용도에만 있는 것이 아니다. AI 인공지능 로봇이 사람의 감성(Emotion)까지 대신해 줄 수는 없다. 웃고 울고 눈물까지 흘려보여도 그것은 심장에서 나오는 것이 아니지 않은가.

오래된 옷들~, 살짝 팔꿈치에 구멍이 난 스웨터는 헝겊을 대어 꿰매면 퀼트의 멋을 낸다. 정情, 그 가치를 배제하면 타인에게는 그저 버려지는 넝마일 뿐이다.

물론 흠이 없어도 치워 버리고 싶은 물건도 있다. 버리고 나면 후련하고 마음이 시원해지는 새것과 다름없는 전기제품, 건강기구들, 그리고 사이즈에 변화가 생긴 새 옷들은 그냥 버려도 나눔에 동참하는 선한 일이니까 아까울 게 없다.

우리 집 아이가 어렸을 때는 엄마의 낡은 잠옷을 안고 놀았다. 부드럽고 엄마 냄새가 좋아서 그랬다고 한다. 집집마다 헤지고 빛바랜 미키마우스, 곰 인형 등이 있다. 결혼하고도 친정에 오면 어린 날 갖고 놀던 장난감, 옷가지를 보며 눈빛이 온화해진다.

"아직도 있었네…" 사랑의 교감이다.

일본 하마마츠 시에는 유명한 시니어 타운이 있다. 최고급 빌라, 그러나 그 럭셔리한 집에 들어오는 순간 어른들은 잿빛 우울증에 시달린다. 왜? 심리학자들의 연구 결과 낯선 사람, 가구, 정원이 그 원인이라는 것을 알게 됐다. 그 후 운영방침을 대폭 바꿔 입실할 때 집에서 애용하던 조그만 가구 한 개를 갖고 올 수 있게 했다. 거의 시집올 때 갖고 온 반다지를 들고 왔는데 그 장롱에는 젊은 날 입던 옷, 핸드백, 그리고 장신구가 들어있었다. 그들은 웃음을 다시 찾았다. 주말에는 가족, 친구들이 드나들며 함께 그가 좋아하던 꽃도 심고 차도 마시며 옛날 고향 이야기도 나누었다.

사물의 가치는 마음에 있다. 내가 좋으면 좋은 것이다.

그래서 나는 다시 하나하나 깨끗이 빨고 주름을 펴서 재정리를 한다.

그렇게 나의 회개는 옷장 앞에서 시작된다.

내면의 옷을 입고 허영 없는 가을길을 가리라.

# 주막의 노래, 그 사랑

하얀 올리브 꽃이 피는 계절이 오면 라만차의 푸른 하늘과 올리브 숲 지평선이 열리고 풍차와 돈키호테의 주막이 낭만으로 다가온다. 흰 벽에 파란 목조 창문들이 그렇다.

'돈키호테(Don Quixote)', 그 캐릭터는 이상주의 허상을 풍자한 소설이다.

현실이 불안할수록 사람들은 가상의 세계에 몰입하게 된다. 꿈이 아름다운 것은 현실이 아니기 때문이 아닐까.

미국의 미래학자 자크 프레스코(Jacque Fresco)는 인간의 탐욕을 자극하는 화폐를 없애고 욕심이 없는 인공지능 시스템을 통하여 유토피아 사회를 이루겠다는 거대한 꿈을 꾸었다. 과연 그의 사회 공학적 논리에 공감하는 사람은 얼마나 될까.

인간의 행복은 합리적 이론이 아니다. 모든 예술이 그렇듯…, 비너스의 아름다운 자태는 빛에 의해서 태어난다. 인간의 마음, 그 이모션이 빛이다.

이번 평창 스포츠 스테이지는 온 인류가 하나의 꽃이 되는 겨울 축제였다. 그 여세로 이어진 평양공연은 색다른 감동을 주었다. 그 무대의 조명과 가수들의 노래에 조심스럽게 젖어드는 청중의 얼굴엔 인간의 모든 감정이 하나로 촉촉이 번져갔다.

'친구'를 열창하는 조용필, 뭔가 '~ 여자는 항구?' 아무튼 윤도현 밴드의 그 트로트가 울려 퍼지는 순간, 우리는 그냥 현실이 날아가 버렸다. 보통사람들의 행복은 그런 것이다. '무심코 그린 얼굴~'

"Magic은 아름다운 추억이다."

– 해리 포터

남북예술공연은 또 하나의 추억을 우리에게 만들어 주었다는데, 그 의미가 있는 것이다. 하나 되는 기적의 원음原音이 되기를 바란다.

일제 강점기, 우리는 '문패 없는 주막'을 떠돌아야 했다. 북간도로, 연해주로, 그렇게 허기진 가슴으로 이방의 나그네 36년, 함께 주막에서 설움을 달래지 않았던가. 우리들의 조국을 찾아가는 같은 꿈을 꾸면서….

돈키호테의 거인을 향한 무모한 돌격, 그 배경 사운드에는 멘델스존의 '이룰 수 없는 꿈', 그의 첫사랑 둘레시아가 있다. 허당의 액션 중심에는 정의와 사랑이 있어, 사람들은 웃어도 눈물이 나는 것이다.

"태양이 비치고 있는 동안 건초를 말려라" 세르반테스의 명언이 생각나는 것은 왜일까. 아마도 시대의 굴곡을 함께 걸어온 동시대의 인물이 존재하는 때의 소중함을 일깨워 주는 말이 아닐까.

우리들의 소년 시절 친구들로부터 날아오는 소식이 그렇게 반가울 수가 없다. 내게 특별한 선물을 갖고 다가오던 친구라면…, 가슴은 마림바(marimba)가 되리라. 그의 존재만으로 세상이 밝아지고 에너지 급상승, 아, 그의 성공이 행복이 되는, 이때를 감사하며 사랑하리라. 같은 추억의 힘이다.

"미래는 과거, 그 시간으로부터 시작된다." 현실의 벽 앞에서, 한 여인은 그때 그 시절 그의 말을 기억해 내면서 되돌아 달려가 그의 가슴에 안긴다. 제목도 모르는 영화의 라스트 scene이다.

늙은 말을 타고 창을 든 돈키호테와 현실주의자 산초, 그 모순의 스펙트럼이 회화적 웃음을 자아내게 하는 주막 앞에는 소박한 성당의 종소리가 스며있다.

현실의 미로에서, 시니컬한 대화체 언어로 쓰인 스페인 세르반테스의 걸작, 주인공 돈키호테에게서 사람들은 자신의 모습을 발견한다. 공상은 자유로운 Space, 인간에게 주어진 선물이다.

중세나 현세나 그 이질적 개념이 다르지 않음을 본다.

인간의 본질은 휴머니즘이다. 그 사랑이 배제된 A.I가 주관하는 세상은? 그건 아니다! 기계의 오류를 생각할 때다.

올리브나무는 인내를 상징하는 신약성서에 나오는 감람나무다. 꽃이 피는 시기는 생태계에 따라 다르다.

아, 비잔틴 블루, 그 창문이 열린 주막의 노래, 그 사랑을 부르고 싶은 여름날이다.

# 제2부
# 일과 사랑

## '틀을 넘어서~'

바람의 방향을 바꿨다.

우산에 부딪치는 빗물이 낙엽과 같이 흩어져 내렸다. 낙엽은 침묵했다. 길 건너 서점에 불이 켜졌다. 곧장 걸어갔다. 자동문이 열렸다. 책 읽는 사람들이 확 눈에 들어왔다. 나는 신간 데스크로 직행했다. 강열한 포스로 튀어오르는 실용서적 표제들을 눈여겨보면서 문학 코너를 찾아갔다.

늘 그렇듯 우선 책 커버와 제목을 본다. 나의 직감으로 책을 선택, 그리고 열어본다. 오늘은 기대 이상…, 아니 전혀 예측 못한 디지털 시대의 새로운 책을 만났다.

우선 커버가 그랬다. silent한 어둠을 깨우는 가늘한 외등, 스며진 듯 선만 보이는 지붕이 서로 다른 집, 그 레몬빛 작은 창문, 그리고 록갈색 지붕 위에 점점이 떠있는 별, 아~ 얼마나 그윽한 정경인가. 가을비에 젖은 마음을 만져주었다.

책을 들고 자리를 찾았다. 없다. 의자와 바닥 그리고 벽에 기대 선 채 독서에 몰입하는 사람들~ 연령 구별 없이 꽉 찼다. 강남 큰 서점이다. 벽 한 겹 사이로 핫 패션 거리에서 보던 사람들과는 또 다른 깊은 멋이 느껴졌다. 나는 한쪽 구석진 계단에 앉아 그 책을 읽었다. 빠져들었다.

그 글의 화자는 '나'다. 그의 시선으로 들어오는 일상에서 부딪치는 사람과 사물에 대한 그의 날카로운 사색, 그 뿐이다. 나는 수필인 줄 알았다. 끝에 '옮긴이의 말': 저자의 첫 번째 소설이라고 쓴 것을 보고 놀라서 확인해야 했다.

디지털 시대는 한마디로 혁신의 시대다. 컨버전스(Convergence), 서로 다른 분야가 융합함으로 새로운 가치를 창출해야 살아남는 시대다. 그것은 오래된 관념, 편견, 그리고 집착의 옷을 벗는 것, 즉 '틀을 넘어서~' 사고하는 것을 의미한다.

'제4차 산업혁명'이라는 표제는 이제 진부할 정도로 세계는 〈혁신 5.0〉으로 진입하고 있다. 디지털 글로벌 소통은 모든 경계선을 지운다. 뉴 비즈니스 시대는 기업을 위한 가치를 넘어 인간의 행복을 추구하는 문학, 예술, 과학, 환경, 교육 등 모든 분야에 적용되고 있다. 이러한 혁신은 스마트한 미래를 위한 필수 조건이 되고 있다.

오래전 얘기다. 조연현 문학평론가의 축사다.

"조병화 시인은 시집을 가장 많이 내는 시인입니다. 그것은 독자가 많다는 것이고, 그 또한 시집이 많이 팔린다는 것이니…, 축하합니다!"

3박자의 명쾌한 축사, 기억하고 있다. 산업 시대와 문학, 그 상징이 아니겠는가.

디지털 사회의 고객, 독자의 수준은 높다. 따라서 추구하는 가치 또한 다양하고 새로워졌다. 느리고 진부한 것을 거부한다. 빅데이터에 의한 사고는 신속, 정확. 압축, 다양성이다. 그것이 우리가 사는 시대 배경이다. 살아남기 위하여 적응해야 하지 않을까.

나를 사로잡은 그 책의 저자는 미국 작가(67년生), 첫 소설집을 출간해 그 해 오 헨리 문학상과 펜/헤밍웨이 상을, 다음 해 퓰리처상을 수상했다. 국제단편소설상까지 받은 그녀의 Short stories는 뉴요커들이 가장 많이 읽은 소설로 뽑혔다. 한국문단 생태계에서는 상상도 못할 사건이다.

그의 짧은 소설을 수필로 착각한 것은 책 표지 그 어디에도 소설집이라고 명시되지 않았기 때문이다. 작가 이름뿐, 등단지와 연도는 전혀 기록이 없다.

그 작가가 쓰면 형식 관계없이 소설인지… 그 영 · 미 문단 문화는 이미 그렇게 "틀 자체가 없는", 새로운 디자인 사고가 중시되고 있다. 서로 다른 장르의 융합은 어쩔 수 없는 물결이다.

나는 그 개성 집요한 작가의 또 다른 책을 사기 위해 다음 날도 그 서점으로 갔다. 그녀의 과장 없는 문장은 디지털 시대에 딱이다. 간결하고 짧아서 스토리 전개가 빠르고, 밀도 있는 내용과 다양한 사고가 집약된 글은 020(Online to Offline)을 넘나드는 로드에 불을 켰다.

– ON AIR –

스마트폰을 들고 책을 보는 사람들!

전자음향이 흐르는 거리에서 회전하는 바람을 본다.

# 2분의 1 얼굴

〈오페라의 유령〉도 아니고, 모든 사람들이 얼굴의 2분의 1을 가리고 다니는 거리는 완전 초현실을 방불케 하는, 한마디로 그로테스크(Grotesque)한 풍경이다.

웃는 입술을 본 기억이 전설로 느껴지는 이 현실은 무언가.

〈맨 오브 마스크〉 영화가 이렇게 실감나게 다가올 줄 몰랐다. 전쟁터에서 입과 턱이 파손된 그 남자는 흰 헝겊에 까만색 이니셜을 그려 쓰고, 차단된 공간에서 전쟁 포스터 제작에 몰입한다. 그리고 남자는 그의 생존에 의문을 던진다. 남자의 눈망울에서 떨어지는 한 방울 눈물~ 엔딩 클로즈업!!! 어둠이 두꺼운 이 시대, 그보다 강한 메시지가 있을까.

긴 겨울밤에는 꿈도 변주곡으로 꾼다. 현실이 꿈이 되고, 꿈이 현실이 되는…, 그리고 뒤로 가는 시간여행을 한다.

그해 초겨울 바람이 불던 날, 우리 식구는 크리스마스트리 전나무를 사기 위하여, 합정동에서 서초동 꽃마을까지 갔다. 바람에 날리는 하얀 눈이 별처럼 반짝거렸다. 마지못해 운전하는 남편이 살짝 부담스럽지만, 아이들의 기쁜 하루, 그 크리스마스를 위해 나는 모르는 척 , 전나무 향기에 취했다.

그때는 소설로만 그리던 시베리아의 침엽수의 숲, 그 설경雪景을 떠올리며, 캐럴이 흐르는 홍대 앞 가게를 지나다가 눈에 띄면, 사다 모아 놓은 아이들 선물을 포장한다. 산타 포장지로~ 당연 남편 선물도, 크게 보이는 상자에 리본도 꽉 묶었다. 그리고 감춰 두었다.

드디어 크리스마스이브! 신촌시장에서 사 온 식재료, 그 요리와 색색 초콜릿 캔디 그리고 케이크에 촛불을 켜고 "기쁘다 구주 오셨네~" 예배를 드리고, 드디어 선물 개봉! 와~ 아이들의 행복한 눈빛, 남편도 올 울 카디건을 펴는 순간 기쁜 표정, 그렇게 새 옷을 입고, 시청 대형 트리, 플라자 호텔의 베이커리 레몬파이, 그리고 명동에서 인파에 밀려가며 거닐던 성탄축제! 그 하루가 지금은 전설 같다.

돌아보면 늘 역경은 있었다. 그때마다 기도하며 순간에 색칠을 하다 보니, 죽을 것 같은 시간도, 인간답게 성장하는데 필요한 주춧돌이 되었다.

그때 한 아이는 커서 군 입대, 어릴 적 '크리스마스 추억'을 써서 〈병영문학상〉 입선, 새까만 보초병에서, 대장실, 글 쓰는 업무로~, 그것은 별따기보다 어려운 기적! 크리스마스 따뜻한 선물이다.

〈Man of Mask〉, 남자는 전쟁 화보로 대상 수상 작가가 되었다. 그리고 거액의 상금은 그를 돕던 전우戰友(일터가 없는)와 전쟁고아 소녀에게 남긴다. 남자는 그렇게 유보된 생존의 의미를 찾았다.

걸작傑作은 어둠의 터널에서 탄생한다.

# 가을 잎새

가을 잎은 다채多彩로워 아름답다.

문학, 그 글은 옷과 같다. 인간의 감성을 채색하는 소울(soul)이다.

옷은 우선 입어서 편해야 한다. 그 사람에게 어울리는 자연스러운 흐름이 멋이고, 패션이다. 그 개성을 꽃피우는 것이 디자인이다. 때문에 디자인, 그 컨셉은 다양할 수밖에 없다.

몽테뉴(Michel Montaigne), 1533년, 프랑스의 사상가, 시인, Essayist는 말한다.

"모든 이론과 형식은 관습의 산물이다." 한마디로 그는 형식을 거부한다. 어떤 학파에 메이는 것을 싫어하는 자유주의자다. "모든 장르는 상호 견인 작용을 해야 한다. 예술은 시각 차이일 뿐이다." 500년 전, 예술의 본질을 명징하게 주장한 그의 사고思考는 이미 오늘날 융합을 구가하는 〈혁신 5.0〉, 디지털 시대를 관통하고 있다.

문학은 비대면非對面 예술이다. 칩거蟄居 5개월을 무료하지 않게 보낼 수 있었던 것은 글을 쓰는 일이 있었기 때문이다. 밀리는 원고 청탁에 쫓기다 보면 어느새 아침이 되고 저녁이 된다. 휴식休息은 차이콥스키의 [바이올린 협주곡 No.1-2악장]과 이태리의 파가니니 [바이올린 콘첼토 4번 D단조 2악장]에 가사 붙인 'Io Ti Penso Amore' 아리아를 특히 요즘은 즐겨 듣는다.

창문으로 투시되어 들어오는 독일 가문비나무에 바람이 일면, 스트라디바리우스, 그 현악기의 울림이 북구의 파란 하늘을 연다.

그리고 나는 소설을 다시 쓴다. 시와 소설이 만나면… 그보다 소설은 쓰는 내내 재미가 있다. 괴테의 시 한 편으로 웅

장한 오페라가 탄생하듯, 문학은 예술의 축軸이다.

햇빛과 바람을 마셔야 산다는 아이들 주장에 못 이겨, 덕소 강변 Cafe 村을 찾았다. 그 긴~강변을 따라 시골길은 사람보다 자동차가 더 많았다. 주말도 아니고 평일인데~, 도시 탈출 현상이다. Terrible Virus 지수가 높은 대도시를 벗어난 하루다.

스웨덴을 여행하다 보면, 호수를 따라 드문드문 조그만 빨간 집이 눈에 띈다. '사색의 집'이라고 했다. 누구나 때로는 혼자이고 싶을 때…, 부러웠다. '거리'를 두어야 하는 요즘 상황에 딱이다.

조각가 자코메티의 가늘고 긴~, 미묘한 뼈대만의 입상立像들은 "일정한 거리를 둔, 타인을 위한 실존" 즉, 그 사람과 사람 사이에 있는 공간은 리얼리티를 보여 주는 조각이라고, 사르트르가 한 미술평에서, 그와 자코메티의 깊은 우정을 엿볼 수 있다. 그 작품 공감!

러시아는 가난한 사람들도 주말 하우스가 있다. 초원이나

숲 속에 토방을 짓고 휴식한다. 우리도 그 문화 도입이 절실한 때다.

예술, 그 문학은 시대와 주제主題에 따라서 그 유형이 형성되는 것이다. 르네상스, 바로크, 낭만주의, 쉬르레알리즘(Surrealism) 등이 다 그 사조思潮가 아니겠는가.

장 콕토는 시로 시작하여 소설가, 문학평론가, 극작가, 화가, 배우, 영화제작자까지~, 당대 프랑스의 융합예술의 상징이 되었다. 콕토와 모딜리아니는 '파란색의 신비'를 쫓는 입체파 친구다.

언제부턴가 한국에도 '3분 소설'이 등장했다. 주로 젊은 저널리스트, 카피라이터 등, 장르와 관계없이 웹 소설을 쓰고 있다. 문학의 현주소다.

"문학은 문자로 기록된 모든 저작물이다." 저명 문학평론가의 이론이다.

소설은 근대 이전까지 한자 문화권에서는 경전經典과 대비되는 사소些少한 '작은 이야기'를 지칭하는 의미 그대로 '小說'이다. 장長 단短편 개념도 없었다. 모든 예술이 그렇듯이 처음

부터 형식을 갖고 시작한 게 아니니까.

문학의 기원은, 고대 그리스 호메로스의 서사시로 본다면 서구 문학의 시작은 시(poem)다.

디지털 카메라로 자연과 사물에서 시적 형상을 포착, 문자로 묘사한 영상과 문자를 결합한 {멀티 언어 예술} 시대도 도래했다.

소설이 간결해진 이유다. 영상시대 이전엔 사물과 인물의 면면 묘사에 집중해야 했지만 "안 봐도 비디오야" 이 말은 지나친 세부 묘사는 스토리 전개 속도에 장해 요소가 된다는 뜻이다.

문학에서 재미(interest)는 간과看過 할 수 없다. 인생과 깊이 연결되어 있기 때문에 좋은 문학 작품은 재미를 갖고 있다. 독자가 책을 읽는 이유다. 개성적 재미는 작가의 역량이다.

색색色色으로 변해가는 이 가을, 문학도 다양하고 편안한 옷으로 갈아입고, 우아한 모습으로 독자에게 다가가야 하지 않을까.

# 글로벌 소통

스마트폰이 울렸다. "??~ 그… 친구!"

서둘러 삼성동 호텔라운지로 갔다. 오랜 외국 생활에도 음성은 그대로다. 그가 들어설 때부터 그 친구의 손에 들려 있는 소책자가 궁금했다.

"아, Short story, 늘 갖고 다녀. 막간에 Emotion 충전이랄까, 재미있어." 그 친구와의 대화는 완전 글로벌 소통이었다. 그와 나는 전혀 분야가 다른데 문학은 통했다.

코엑스에 있는 대형서점, '별빛마당'에 들렀다. 그 규모는 세계적이라고 한다. 휘둥 휘둥 둘러보고 나오는데 확 시선이

꽂혔다. 〈계간문예〉! 입구 데스크 위에 있는 신간 문학잡지 여남은 권이 올려 있었다. 'PEN문학', '월간문학', '한국수필', 그리고 최근에 발행되는 '시인수첩'도 눈에 띄었다. 반가워서 열어 보는 순간 또 놀랐다. 내 시와 수필이 그 책들 안에 있는 게 아닌가. 우연한 선물이다.

디지털 시대의 생명은 속도, 정보, 정확 그리고 새로운 가치다. 웹사이트에서는 그 누구도 투명 인간이 될 수 없다.

며칠 전, 유명지인의 글을 보기 위해 인터넷에 들어갔다. 시인의 이름과 경력, 저서들~ 훑어 내려가는데, '계간문예'가 뜨면서 '名士, 그 기억의 램프' 글 전문이 실리고, 이달의 많이 읽힌 수필로 등재, 내 수필이다. 2015년 봄호. 신기해서 수필집 제목만 쳤다, 아, 이게 왠일? '열람 베스트' 별이 보였다. 그리고 전국 국립, 시市, 도, 구청, 대학도서관 등, 책이 비치된 곳이 좌~악 떴다. 그 놀라운 데이터베이스!

그 오랜 시간 글을 쓰고 있지만 온라인에 내 글이 있는 것, 상상도 못한 아날로그~.

나는 작가 인명록에 기재되는 것을 피해 왔다. 이유는 아직도 분단국가, 신상이 떠다니는 것이 불편하기 때문이다.

한국전쟁, 난 아주 어렸지만 군인 가족, 그 명단 때문에 온 가족이 따발총을 걸친 낯선 사람에게 끌려갔던 그 무서운 공포 때문이다. 인터넷에 '이명희'를 치면 그 유명한 재벌그룹 갑질 여사가 뜬다. 더 웃기는 것은 얼마 전 뉴욕 공항에서다. 까칠한 검색원이 내 패스포트를 펴는 순간, 나와 여권을 번갈아 보더니 활짝 웃으며, "Ok! pass" 스탬프를 쾅 찍어 주었다. 글로벌 위트, "Have nice trips!" 그 백인 남성의 스마트한 음성~, 땡큐!! 당당히 내 앞으로 새치기 한 장신의 스튜어디스는 검색원에게 꽃 미소를 날렸지만, 빨간 매니큐어를 칠한 긴 손가락으로 손도장을 찍어야 했다.

이제 기업은 물론 과학, 기술, 예술 등등 서로 다른 모든 분야가 컨버전스(Convergence)를 통하여 새로운 가치, 스마트 퓨처를 향하여 속도를 내고 있다. 오늘날 세계는 '혁신 4.0'을 넘어서,〈혁신 5.0〉으로 진입하고 있다. 'Living Innovation' 즉 살아 있는 혁신은 선善한 프로세스로 이룬 성공, 사람 중심, 그 공공 이익을 목표로 하는 스마트한 미래를 열어 나가야 한다는 정의를 담고 있다.

기계에 지능을 넣는 것은 인간이다. 로봇공학, 그 Key는 사람이 갖고 있지 않은가. 요즘 공학박사들이 시를 배우고 있다. 문학이 중심에 서야 할 때다. 기계에 없는 하트, 그리스의 Eros, 그 사랑, Greek 어원에는 '영혼'을 담고 있다.

휴머니즘을 바탕으로 하는 문학은 디지털 시대가 요구하는 소프트웨어의 핵이다. 020(Online to Offline), 그 길에서 문학의 꽃은 피어날 것이다. 디지털, 이 시대의 글로벌 소통이 있는 한….

# 길을 여는 사람들

길을 쓸고 지나가는 바람이 차다.

산간 외진 좁은 길로 크고 작은 트럭, 승용차들이 부딪칠 듯 밀려가고 있다. 왠지 답답해서 차문을 열고 내다보았다. 주황색 '공사 중' 팻말이 길게 늘어선 길가 콘크리트 바닥에 엉거주춤 주저앉아 밥을 먹는 인부들이 차갑게 눈에 꽂혀 들어왔다. 매연이 묻은 겨울바람이 사납게 부는데 꽁꽁 얼어붙은 도로변에서 식사를 하다니… 그 순간 충격으로 얼른 문을 닫아야 했다. 죄스러웠다.

"좋고 편리하게 사는 곳…." 한국을 다녀간 미국에 사는 친구의 말이다. 그녀가 보낸 카톡, 그 한마디가 얼마나 기쁜지 외우고 다닌다. 그 친구가 이 광경을 보면 뭐라고 할까. 가리고 싶다.

외국인 눈에 비친 한국, 없는 것이 없는 이 편리한 세상에 그 흔한 푸드 트럭, 식당 버스는 다 어디에 있는가. 한 대만 있어도 훈훈한 식사를 할 수 있을 텐데…. 중노동으로 얼음이 되어버린 몸과 마음을 녹일 수 있지 않겠는가. 완전 근로복지 사각지대다. 거대한 복지, 그 이전에 가까운 복지부터 실행해야 하는 배려가 시급하다. 눈 안에 있는…!

스마트 시대, 단추 하나로 모든 것이 작동되는 디지털 과학, 기술, 인공지능까지, 뭐든 척척 알아서 해주는 이 시대, 하드웨어는 최상, 그러나 무엇을 위하여 무엇부터 해야 하는지 선별할 수 있는 능력 있는 인간의 마음을 갖은 사람이 필요한 때다.

도로공사는 경제와 직결되는 공사다. 그 인부들은 도로를 넓히는 일을 하고 있었던 거다. 우리에게 길을 열어주는 사람들, 마땅히 대접받아야 할 사람들이 아닌가.

1970년 7월 7일, 경부고속도로 개통식 날 아침 TV 생방송을 하던 때다. 교수, 전문가, 사회 인사들로 구성된 토론은 찬반으로 나뉘어 열을 올렸다. 그때 나는 찬성 편이었다. 반대쪽은 당장 쪼들리는 생활경제도 그렇지만 장시간 달리기만 하는 고속버스 안에서 휴식, 화장실 문제를 들고 나왔다. 미시적 안목이다. 여행자들의 행복지수를 높일 수 있는 휴게소 문화 창조를 걸고 나는 맞섰다. YWCA 정신이다.

어제 서랍 정리를 하다가 60년대 미국으로 이민 간 친구가 도착 시 보낸 첫 편지를 보게 됐다.

"미국은 천국이야! 언제나 더운물 샤워를 할 수 있고, 집집이 자가용으로 출퇴근을 하고 어디든 driving trips를 할 수 있거든~"

그 친구 이젠 "한국이 천국!!" 먹거리, 입을 거리가 넘치는 나라, 메이드 인 코리아, 화장품은 또 어떤가.

"아직도 외국 콤팩트를 쓰십니까?"

이제 날개를 달고 세계로 나가는 브랜드, 한국산 만세다.

2월에는 구정, 대 민족이동이 시작되는 명절이 있다. 아,

사방으로 시원하게 확 열린 도로를 타고 달려 부산도, 목포도 1일 코스가 된 자동차 강국, 그것이 다 고속도로 덕분이 아니겠는가.

지금은 고속도로 휴게소가 나들이 명소가 됐다. 화려한 푸드 코트에 쇼핑센터, 꽃과 나무들이 있는 자연풍경을 보며 먹고, 마시고, 즐기는 하루의 휴식이 있는 레저타운이 됐다.

'직원의 행복'을 2018년 사업 목표로 걸고 시무식을 하는 은행, 회사들이 늘어나고 있다. 반가운 일이다. 세계 1위를 달리는 Google은 이미 직원들의 자존감을 중시하여 레저하우스를 운영하고 있다. 결과 사업성과 고고 행진이다.

3만 불 시대 한국, 그 여유, 이젠 생각만 있으면 꼼꼼히 돌볼 수 있게 됐다.

Company/ 회사, 친구 외 이면에는 식사를 함께 하는 식구라는 의미를 내포하고 있다. 직책 고하高下를 막론하고 먹는 것은 사람이 누려야 할 기본 권리다. 여기에 더 해야 할 것은 사람답게 먹을 수 있어야 한다는 것이다. 그것이 인간의 존엄성 시작이다. 일용직이라 할지라도 그 하루 일을 하는 만큼은

한 식구다. 일은 평등하다.

"와서 조반을 먹으라." 제자들의 식탁을 준비한 예수, 그 누가 그를 따르지 않겠는가.

밥상은 사랑과 평행의 키워드다.

# 김유선,
# 그 시인의 음성

그녀는 이별도 시였다.

5월 22일! 그 계절이 詩고, 그가 남긴 목소리도 시다.

/상한 나뭇가지가 /간신이 꽃을 피웠다 /벌나비도 찾아 왔다 /에궁, 힘들었겠다 그대의 최선 / 토닥토닥~/

2019년 4월 22일, 김 시인이 카톡으로 보내준 시다. 지금도 나의 카톡에는 시인이 살아 있는데….

김유선 시인을 처음 만난 곳은 〈문학의 집. 서울〉이다. 사회를 보는 그의 목소리와 의상 그리고 스테이지 매너가 세련됐다. 그의 밝고 탄력 있는 얼굴이 인상에 남았다.

그 후 '문협 해외문학 세미나'로 일본 여행을 갔을 때 그와 나는 늘 같은 좌석에 앉았다. 그리고 쇼핑도 우리 둘이 다녔다. 관심과 취향이 같아서일까. 아무튼 비가 내리는 간사이 상점가, 그 이색적인 거리를 누비며 나누던 그의 음성이 지금도 들린다.

그렇게 낭만과 활기가 넘치던 그녀가 아프다니…, 믿어지지 않았다. 그러나 해쓱해져가는 그녀의 얼굴을 보며 나는 기도하는 마음이 되었다.

> "힘과 용기를 주시는 이 선생님 말씀 감사드립니다. 시든 푸성귀가 다시 싱싱해지는 듯합니다. 이명희 선생님과의 좋은 인연에 감사하며~"
>
> — 서초구 방배동, 김유선 절 (2월 8일 금요일)

불과 석 달 남짓 전만 해도 그의 음성은 명랑했다. "이 선생님의 수필집 '행복이 드는 길'과 시집 여분이 있으면 보내 주시면 감사하겠습니다. 제가 지도하고 있는 시 모임 인원이 10명인데…, 네, 이 시인님 글이 넘 좋아서요." 나는 곧 등기로 부쳤다. 그런데 어떻게 시들지도 않은 그 꽃이 떨어졌단 말인가.

지금도 천국에서 시를 낭송하는 그대의 아름다운 목소리를 듣고 있습니다.

> /아주 작은 꽃이라도 있을 것 다 있지 / 자세히 보면 볼수록 아름다움 넘치는 당신처럼./
>
> — 〈제비꽃〉

"건강하시고 좋은 글 많이 쓰시길 기도합니다." 4월 26일

나는 김유선 시인이 떠나기 전에 남겨준 5편의 시를 열어본다. 한 줄기 가냘픈 가지에 매달린 연보랏빛 제비꽃과 노란 수선화 그림이 슬프다

세상 다하는 날까지 아름다웠던 그대!

안~녕!

# 널을 뛰는 사람들

눈이 내린다. 하얗게 엉킨 나뭇가지 위로 어린 까치 한 마리가 갸웃거리며 날아다닌다.

민족 명절이다. 어제가 까치설날, 마침 하얀 눈이 나려 모처럼 창밖이 평온해 보인다.

그때 그 시절 명절 풍속도가 그립다. 놀이 중에도 마당에서 열리는 널뛰기는 사람들을 즐겁게 격양시켰다. 오르고 내리는 놀이가 경쾌하기 위해서는 묵언의 묘미가 있어야 한다. 상대가 높이 솟아오르게 하려면 아래서 널판을 구르는 사람의 중심이 탄력 있게 리듬을 줘야한다. 그렇게 서로 올리고 내리고 하는 하모니가 선율이 될 때, 축제는 절정에 이르게 된다. 자주 댕기와 머리칼이 공중을 휘감아 떨어지는 눈꽃 빛살은 무아경이 된다. 그러나 둘 중 한 사람이 심술을 품으면 그 널뛰기는 함께 추락해 버리고 구경꾼들은 웅성웅성 흩어져 떠나버린다.

한국공연윤리위원회 심의위원으로 있을 때다. 게임장 심사를 하러 전국으로 다니다 보면, 슬롯머신 등 현란한 게임기 종류, 그 홀에 들어서면 탄성이 절로 터지는 아름다운 디자인과 신기한 기능, 그 오락성에 압도된다. 문제는 악용하는 사람, 즉 사람의 마음이 문제다. 놀이에 돈을 걸면 게임의 법칙이 무너진다. 해서 오락장에서는 현금 대신 코인(coin)으로 바꾸어 게임을 하게 되어 있다. 여기에 jackpot 조작 여부를 확인하지만 그것이 쉬운 일이 아니다. 꼼수, 그 날개는 크다.

드라마 '돈꽃'이 요즘 세태를 무섭게 반영하고 있다. 돈 앞에서 인간이 어떻게 부서져 가는지…. 돈은 핏줄보다 강하다. 무서운 어록이다,

지금 금융계를 달아오르게 하는 핫 이슈 비트코인(bitcoin),

낯선 용어가 등장 했다. 보이지 않는 가상화폐, 그것은 디지털 통화다. 달러, 유로 등 가시적인 화폐 통화의 힘겨루기에 맞짱 뜨기 위해서 튀어나온 온라인 통화 시대가 포문을 확 연 것이다. 가상공간과 거대한 화폐 단위, 지켜볼 일이다. 악화가 '양화를 구축한다,' 통하는 세상일까.

"사람은 떡으로만 살 것이 아니요…"〈성서〉

인간에게는 지, 정, 의 그 이성이 있다. 시대의 변주, 그 카오스 속에서 사람은 역반응을 일으키는 속성을 갖고 있다.

우리 선조들은 청빈, 순수純粹를 사회적 가치 중심에 두었다. 그 DNA에 희망을 걸어 본다. 고조선에서 현 시대까지 그 많은 외세의 압박 중에서도 거세게 살아 낸 민족이 아닌가.

오늘 뉴스, '수출 25% 증가'—, 기적이다.

외국인들 눈에는 이해가 안 되는 표정, 핵이다 뭐다 한국의 위기설, 그럼에도 불구하고 한국은 경제상식을 비켜가고 있는 것일까.

지난해에 블라디보스토크를 갔다. 고려인 문화 센터를 둘러보며 놀란 것은, 그곳에 우리의 전통문화가 고스란히 살아 있었다. 민속놀이들~그네, 팽이, 자치기, 널을 뛰는 처녀들의 다홍치마, 사물놀이꾼의 짚신 등, 뭉클했다.

금년이 까레이스키(корейский) 강제 이주 80주년, 갈대와 바람만이 부둥켜안고 울부짖는 벌판, 카자흐스탄과 우즈베키스탄으로 14만 명 고려인이 내몰린 혹독한 사건이다. "배가 고팠어요" 지금까지 살아 있는 90세 노인의 눈에는 눈물이 고였다.

아, 우리는 지금 얼마나 풍요한가. 먹거리, 입을 거리….

## 블라디보스토크 태양

풀도/나무도/산도/들도/내 고향 그대로 선_한/발해 땅! 그 이름 연해주/ 그리움이 쏟아 낸 망향의 눈물/

아무르 강이여/질경이,/쑥부쟁이,/들국화,/패랭이꽃 위로 날아다니는/무심한 노랑나비/태평양이 내려다

보이는 /기름진 초원의 수평선/어루만져 흐르는 바람은

한숨이려니/이제는 남의 땅/러시아 제2의 경제 도시/

너는 알리라/ A~ra~rung! 까레이스키!/아, 아리랑 고려인/

그 피 맺힌 땀방울을…

— 시詩 이명희

아, 언제 어디서나 살아 있는 한국인의 은근과 끈기, 그 환경이 척박할수록 결속으로 피워 낸 민족의 꽃을 본다.

널을 뛰는 사람들, 시대의 물결이 아무리 사나워도 상대방을 무너뜨리는 일 이제 그만, 함께 일어서서 행복하게 살아가는 Korea today를 창조해 나아가야 하지 않겠는가.

꽃샘바람에 까치가 떨고 있다.

# 다른 사람들

그냥 새처럼 그곳에 갈 수 있다면 살짝 보고 싶었던 곳 아바나, 그곳은 '노인과 바다'의 산실, 헤밍웨이가 황금기를 누렸던 쿠바의 수도다. 청보석빛 카리브 해, 그 지평선에는 혼합된 역사가 피워낸 춤과 노래, 문학과 예술의 꽃이 자연과 원색을 이루고 있다.

오늘인데 어제인 듯한 나라다. 서울에서 입고 온 가을 옷을 벗고 여름옷으로 갈아입었다. 노란 태양과 파란 바다의 시선으로 한결 홀가분해졌다. 그보다 카사블랑카 언덕에 높이 솟은 예수님의 넓은 품에서 나는 비로소 입국할 때 그 긴장이 완전 풀렸다.

쿠바는 종교의 자유가 있고, 해외여행이 자유로운 나라, 선별적으로 시장경제도…. 아무튼 그만한 자유가 있으니 관광지로는 매력이 있는 곳이 아니겠는가.

이름 모를 남국의 나무로 가득한 가든에 차려진 원형 식탁은 질 좋은 면 테이블보가 씌어 있고 냅킨과 자잘한 파란 풀꽃으로 장식되어 있었다. 그야말로 유럽풍의 오찬은 생음악과 함께 풍성한 요리의 향연을 즐길 수 있었다. "Seúl Corea!" 3인조 악단의 흥은 고조에 달했다. 우리는 넉넉히 팁을 놓았다. "Gracias!"

사실 내가 쿠바를 간 것은 헤밍웨이가 전성기(1950년대)를 누렸던 그의 작품 배경을 보고 싶었기 때문이다. '노인과 바다'는 52년에 출간, 1954년에 노벨문학상을 수상했다. 그가 살던 집 문에는 '누구를 위하여 종을 울리나'의 상징으로 작은 종이 달려 있다. 그의 작품 중에 가장 인기가 있었으니까. 그가 글을 쓰던 서재와 거실, 특히 보랏빛 침대 시트가 얌전히 덮인 침실이 인상적이다. 창가에 핀 하얀 꽃송이에서 풍기는 향기가 'Buenos dias' 반겨주었다.

휙 혁명광장을 지나서 헤밍웨이가 낚시를 즐겼던 바다를 향해 달렸다. 짙푸른 수평선이 보이는 해변에는 하얀 대리석으로 조각된 헤밍웨이의 동상이 외롭게 출렁이는 먼 바다를 응시하고 있었다.

대어를 낚으려고 분투하는 늙은 어부의 필사적인 사투, 상어에게 살점은 다 뜯겼어도 뼈의 원형만은 잃지 않은…, 노인의 허전한 설욕說欲, 그 이미지가 강하게 다가왔다. '노인과 바다'는 한마디로 영광의 상처다. 그것이 쿠바의 배경이다.

쿠바는 달러를 받지 않는다. 노점은 물론, 호텔에서도 환전창구에서 페소로 교환해야 기념품을 살 수 있었다. 달러를 받으면 더 많은 상품을 팔 수 있을 것인데. 언어도 스페인어, 외국인이 못 알아듣는 줄 알면서…, 영어를 알아는 듣는 것 같다. 주문도 받고 대답도 하니까. 식민지 역사에서 비롯된 민족의 자존심인 것 같다.

올드카 투어는 상상을 초월했다. 낡아서 덜컹거리는 폐차 직전의 고물차인 줄 알았다. 아침 일찍 호텔 앞엔 오색찬란하게 번쩍이는 럭셔리한 승용차들이 줄을 지어 대기하고 있는 게 아닌가. 놀랬다. 한껏 멋을 낸 기사들…, 2인승, 50~60년대 부호들이 타던 물찬 제비같은 승용차는 휘발유 냄새를 뿜으며 다운타운으로, 숲속으로 달렸다. 한 시간 동안 귀족이 된, 그 기분~, 기막힌 관광 상품이다. 기사들은 머리를 숙여 팁을 유도하지 않았다. 말없이 차문을 열고 닫아 주었을 뿐, 그냥 달려 가버렸다.

DE MEDIO는 골목 안에 있는 넓지 않은 카페, Bar다. 헤밍웨이는 저녁이면 이 바에서 칵테일을 즐기며 현지인과 어울리는 일상을 좋아했다고 한다. 그의 작품이 현장감 있고, 리얼리즘 컬러가 강렬한 배경이 된 장소다. 에스프레소 한 잔을 마시며 골목 안의 인물 풍경을 눈에 담았다.

역시 '부에나비스타 소셜 재즈클럽' 입장료는 65$, 꽉찬 관객으로 대형 홀은 뜨거웠다. 세계 재즈 팬들을 열광시켰던 80대 뮤지션, 그들의 무대는 전설이었다. 재즈의 원음, 그 선율은 연주자와 관객들의 머리에서 발끝까지 유성처럼 흘렀다.

Havana Cuba人, 그들은 다른 사람들이었다.

# 대구 사람들

대구사람이 좋다. 인물도, 인심도 좋은 곳, 대구는 내륙의 아늑함과 전통적으로 내려오는 예절과 인정, 그리고 명문학교가 있는 교육, 문화 예술의 도시다.

어린 시절 잠시 살아 본 대구는 그렇게 내 기억에 남아 있다. 50년대 초, 피난시절은 남성로에 살면서 대구 달성공원 내에 서울피난초등학교라지만 한 칸의 판자 교실에서 공부를 했다. "서울내기 다마내기…" 오가는 길목에서 만나는 대구 아이들이 놀렸지만 기분이 상하지 않은 것은, 그 눈빛이 단순한 호기심으로 보였기 때문이다.

우리 집 앞은 제일교회, 옆에는 YMCA, 그 중간에 정비석 소설가 댁(피난살이), 그 따님과 언니 친구들이 우리 집을 드나든 것은 조용한 이층 방이 시험공부하기에 좋았기 때문이다. 그때 묻어온 책을 나는 밤새 읽었다. 톨스토이, 앙드레 지드, 순애보, 김내성의 청춘극장, 그리고 방인근의 탐정소설 등 분간 못하고 그냥 읽었다. 초등학생인데….

그때 배고픈 시절, 곁에 있는 염매시장은 그야말로 참새 방앗간이었다. 조석으로 어머니 따라 드나들며 사 먹던 떡, 사과, 고기구이 집, 더 바랄 게 없었다.

> 콩나물시루/ 떡시루/ 남성로 뒷골목/ 염매시장/ "대구 사이소", "대구 사이소"/ 할아버지의 목쉰 소리/ 허기진 피난민/ "마, 이리 오소"/ 국밥집 아지매 투박한 인정/ 거리마다 이방인 물결/ 피난민들이 들고 나온 옷가지/ 중고품 좌판/ 낯선 구경거리/ 목을 축이던 장바닥/ 막걸리 해삼, 멍게 안주, 정구지전은 공짜!/ 후끈한 시장 인심 두터워/ 겨울도 쉬어 가던/ 대구 염매시장, 브라보!
>
> — 이명희 시 '대구 염매시장'

이번 한국문협인문학콘텐츠개발위원회가 대구 문인들 주최로 첫 문을 열었다. '문화 융성은 인문학 도시 대구에서'라는 표어를 걸고 탄력 있게 진행되었다. 'OSMU'(One Source Multi-Use) 인문학콘텐츠 확산(심후섭 박사), 박철언 시인(대구경북발전포럼 이사장)의 '삶과 문학' 등 대구 인사들의 심도 있는 강연과 문학, 음악, 예술의 요람 기행은 대구를 찾은 외지 문인들에게 큰 감동을 주었다. 중구 계산동에 있는 이상화 고택과 봄의 교향악이 울려 퍼지는 청라언덕에서 만난 박태준 작곡가, 이은상 시인의 '동무 생각' 백합 같은… 우리 겨레 누구나 부르던 노래의 고향이 대구였다니… 그렇게 반가울 수가 없다.

남성로와 계산동 일대는 20세기 초에 한국근대문학 주류를 이루었던 '빼앗긴 들에도 봄은 오는가'의 시인 이상화, '운수 좋은 날'의 한국대표명작소설가 현진건, 서양음악의 기틀을 다진 박태준, 현제명, 서양미술의 뿌리를 내린 이상정, 그들은 남성로 제일교회, 계산 성당과 YMCA 등, 예술인들의 삶터로, 민족정신을 함양한 근대문화예술인들의 요람이다.

6 · 25 전쟁 시에 이 일대는 각지에서 몰려온 문인, 화가, 음악인들로 붐비는 문화 예술 중심지로 자리 잡았다.

아, 남성로가 근대문학유산의 보고였다니…! 가슴이 뛰었다. 내게도 그 기氣가…

1박 2일의 악센트, 그 일정을 마치고 나는 혼자 남아서 택시를 타고 남성로를 향해 달려갔지만 분간할 수 없는 도로, 새로 들어선 현대백화점과 동아백화점 사이로 염매시장, 묻고 헤매며 겨우 찾고 보니, 정든 집(잃어버렸던 가족의 극적 재회, 우리 온 식구 모여 행복했던) 2층 양옥은 온데 간데 없었다. 대로변집, 예측은 했지만… 육중한 빌딩 앞에서 나는 여행 가방을 멘 채 한없이 서성거려야 했다. 옆, 뒷골목도 몇 차례고 돌아보며 그때 그 이웃을 떠올려 보았지만… 계산 성당은 그 모습 그대로였다. 땀이 등줄기를 타고 흘러내렸다. 큰 거리로 나와 제일교회 앞 '다향'(남성로 20번지)에서 얼음 오미자 한잔으로 뜨거운 기억의 조각들을 식히며 어머니 아버지가 처음으로 찾은 제일교회 첨탑을 바라보았다.

전시戰時의 긴장으로 몸과 마음이 쇠약해졌을 때, 앞집 대구 아주머니가 어머니를 인도하셨다. 타지에서 온 우리 가족을 따뜻한 이웃으로 대해준 대구 사람들, 무슨 날이면 떡이니, 전, 그때 처음으로 정구지전도 먹어 보았다. 손수 쑨 김이 모락모락 나는 빨간 팥죽을 커다란 옹기동이에 철철 넘치도록 담아 온 그 기품 있는 아주머니 모습을 어찌 잊겠는가. 이제 알고 보니 평범한 동네가 아니었던 거다. 대로변은 남성로, 뒷골목은 계산동, 이상화 시인 댁이 바로 이웃이었으니…

해는 져서 어두운데 / 찾아오는 사람 없어…/ 이 '고향 생각'을 작사 작곡한 현제명 선생은 서울에서도 이웃, 그 사모님은 양신선(전주고향) 음악인, 나와는 서울YWCA 임원으로 활동, 인자한 분으로 98세 장수, 미인이셨다.

대구시는 지금 '근대로 여행, 뒷골목 투어'를 높이 띄우고 세계 속의 문화예술도시로 비상하고 있다.

이번 문학행사는 문차숙 위원장과 서정길 시인, 그리고 대구 인사들의 애향심에 불타는 수고와 문효치 이사장과 이광복 부이사장이 끝까지 함께 하여 빛을 더 했다.

대구시와 달성군, 그리고 대구 문인들이여, 인문학콘텐츠 그 깃발이 되시기를….

나는 저녁 불빛이 아련한 염매시장에 들러 떡을 사들고 KTX에 올랐다.

그때 그 진짜 맛이었다!

# 디지털 시대 문학

과학과 문학은 비례한다. 동화와 공상과학이 그렇다. 인간의 이상理想을 그리는 문학, 그 꿈을 현실화시키는 것이 첨단과학이다.

신의 창조물은 무한한 것이므로 과학 또한 끝없는 탐구의 길을 가게 될 것이다. 새로운 미래를 향하여….

디지털 시대, 그 첨단과학으로 열린 '제4차 산업혁명'이라는 표제는 이제 진부할 정도로 세계는 살아 있는 혁신(Living Innovation) '혁신 5.0'에 진입하고 있다. 이는 인간의 행복을 우선의 가치로 정의하고 있다. 기업 이상의 문학, 예술, 과학,

환경, 교육 등 모든 분야에 적용되고 있다.

이러한 혁신은 스마트한 미래를 위한 필수 조건이다.

Smart Future는 공공의 이익을 위한 미래를 건설하는 개념이다.

디지털 시대는 한마디로 혁신의 시대다. 서로 다른 장르가 융합함으로 새로운 가치를 창출해야 살아남는 시대다. 그것은 오래된 관념, 편견, 그리고 집착의 옷을 벗는 것, 즉 '틀을 넘어서~' 사고하는 것을 의미한다. 선입견을 깨야 할 때다.

디지털 사회의 고객, 독자의 수준은 높다. 따라서 추구하는 글로벌 가치 또한 다양하고 새로워졌다. 느리고 진부한 것을 거부한다. 정보통신기술(ICT)의 중심, 그 빅데이터 사고思考는 속도, 부피, 다양성, 이는 정확과 압축의 상징이다. 그것이 우리가 사는 시대 배경이다. 살아남기 위하여 적응해야 하지 않을까.

디지털 시대를 리플렉스한 책을 만났다. 그 저자는 미국 작가(67年生), 그의 첫 단편 소설집은 출간한 그 해, 오 헨리 문학상과 펜/헤밍웨이 상을 수상했다. 다음 해 퓰리처상 까지~

그의 짧은 소설을 수필로 착각한 것은 책 표지 그 어디에도 소설집이라고 명시되지 않았기 때문이다. 작가 이름뿐, 등단지와 연도는 전혀 기록이 없다.

영 · 미 문단 문화는 이미 그렇게 '틀 자체가 없는' 새로운 디자인 사고가 중시되고 있다. 서로 다른 장르의 융합은 어쩔 수 없는 이 시대의 물결이다.

은유를 피하는 그녀의 문체는 독자의 독해 속도를 높여 주었다. 딱 빅데이터! 밀도 있는 내용과 다양한 새로운 사고가 집약된 글은 020(Online To Offline)을 넘나드는 ~ON AIR~

아날로그와 디지털을 공유한 스마트폰을 들고 페이퍼 책을 읽는 사람들, 얼마나 아름다운가. 웹사이트의 꺼지지 않는 램프! 그 문학은 사랑이고 기도다.

# 일과 사랑

차갑다. 겨울비인가, 아, 3월! 봄비, 바람을 입어 더 시리다. 봄과 겨울은 전혀 다른 색깔, 그런데 늘 그 경계선을 잊는다. 삶, 또한 일과 사랑, 그 dividing line에서 서성거린다.

'일하지 않는 자는 먹지 말라.'

– 성서

일은 곧 생사生死임을 명시하고 있다. 양식은 생명이고, 일해야 얻을 수 있다. 살아있는 사람만이 사랑을 할 수 있다. 그것은 일과 사랑은 상호 빚의 관계임을 알려 준다.

단테는 베아트리체를 사랑함으로 일에 전념한다. 그 결과 그는 작가로 정치가로 세계적인 명성을 얻는데 성공한다. 단테는 사교계의 거물, 그 여인을 만날 기회도 있었지만 다가가지 않았다. 왜? 겁이 난 것 아닐까. 만일 첫사랑 베아트리체 마음에 자기가 없다면… 아, 모든 것이 헛되고 헛되다. 그것이 무서운 거다. 누구나 그러니까.

사랑은 행복한 칵테일이다. 기쁨, 불안, 슬픔, 그리움, 갈등의 블렌딩~! 그러나 사람들은 그 낭만의 잔을 즐겁게 마신다. 그 힘이 사랑이다.

일과 사랑, 그 병행은 이성과 사랑이 균형을 이룰 때 가능하다.

'시네마 천국', 그 영화 스토리는 따뜻한 것 같은데, 차갑다.

"떠나라! 네 꿈을 펼쳐라!"

토토의 평생 멘토 알프레도 아저씨의 말이다. 아, 토토의 커다란 눈망울이 슬프게 흔들렸다. 청년이 된 토토는 멀어져 가는 엘레나를 향해 차창 밖으로 얼굴을 내밀고 손을 흔든다.

일을 찾아 토토는 첫사랑과 집을 떠나야 했다. 떠나가는 기차를 숨어 서서 바라보던 엘레나의 눈물어린 눈빛이 남아 있다.

일은 현실이다. 살아가는 모든 것의 힘이다. 유머 같지만… '남자가 성공하기 위하여 일을 찾아 뛰는 것은 사랑하는 여인을 얻기 위해서다.'

세상에 태어나서 자신이 사랑할 수 있는 사람을 만나는 자는 행복하다. 많은 사람이 사랑한다고 다가와도 내가 그 사람으로 인해 행복을 못 느끼면 그것은 무효다. 단테는 행복한 사람이다. 그는 사랑함으로, 일 그 소명을 다 이루었으니까.

얼마 전 바그너의 오페라 '트리스탄과 이졸데'를 다시 봤다. 그 내용의 결말이 영 씁쓸했다. 죽도록 사랑함으로 서로 추락하는 엔딩 장면~.

사랑은 생명이다. 죽은 사람도 살려내는 힘이다. 명예와 생명까지 잃는 그 사랑이 과연 고귀한 사랑일까.

사람은 자연의 일부다. 사계절이 있듯, 자연은 생태계의 변화 속에 존재한다. 인간의 사랑은 신神의 사랑이 아니다. 왕좌를 물려받기 위해 어쩔 수 없이 떠나야만 하는 애인에게 폭풍 같은 분노를 터트리는 이졸데의 절규, "영원히 사랑하자던 그 맹세, 버렸나요?" 인간의 사랑을 절대시 하는 것은 에로스에 대한 본질적인 착각이다. 일 그 사회적 사명, 그 가치를 외면하고, 둘만의 밀폐된 공간에서 묘사되는 사랑, 과연 영원할 수 있을까. 사랑의 본질은 믿음이다. 눈에서 멀어도 마음에는 가까운~, 그것이 영원한 사랑이다. 사랑은 그의 행복을 비는 기도다.

어느 저명한 평론가의 말이 생각난다. "한 반에 1등만 하는 예쁜 여자아이가 있었어. 그 아이와 놀고 싶어서 공부만 했지. 서로 1, 2등을 다투며 친해졌어. 덕분에 명문 중학교를 가게 된 거야."

초지능 스마트시대, 〈혁신 5.0〉이라는 거대한 변화 속에서 지금 인류는 '공유 경제'라는 해법을 찾아 달려야 하는 것이 우리의 벅찬 현실이다.

직업이 없는 여성도 결혼이 어렵게 된 시대다. 일과 사랑의 등식이 성립돼야 하는 이유다. 사랑이 없는 일은 AI에게 맡겨라.

중년이 된 토토는 황금날개를 달고 고향을 찾았다. 아, 아무도 없다! 거미줄만 바람에 날리는 텅 빈 극장 마을, 그의 성공을 가장 기뻐해 줄 첫사랑 엘레나는 어디로 간 것일까. 그의 허전한 눈빛이 화면을 흔들었다.

사랑은 축제다. Celebration!

사랑하는 사람과 먹고, 마시는 휴식. 그것은 노동 후에 오는 신의 선물, 행복이다.

일과 사랑은 병행하는 빛이다.

# 제3부

# 사랑은 남는 것

# 사랑은 남는 것

여름이 창으로 들어왔다.

연둣빛 햇살에 꽃이 눈을 떴다. 실바람에 실려 온 향기가 유리창에 건배를 한다. 쨍그렁~!

'사랑은 가고 옛날은 남는 것'– 박인환 시인의 그 유명한 시어다. 나는 그의 시를 좋아한다. 해서 읽고, 읽다가 어느 날 문득 그 안을 들여다보았다. 그리고 앞뒤를 뒤집어 보게 되었다. 옛날은 가고 사랑은 남는 것으로…

시간은 돌이킬 수 없지만 사랑은 물리적 공간에 존재하는 것이 아니라 가슴에 있는 것이기 때문에 시간이 가도 심장이

멎지 않는 한 그 사랑은 존재하는 것이 아닐까.

'그의 눈동자 입술은 / 내 가슴에 있어.' 박 시인의 그 유명한 '세월이 가면' 첫 연과 마지막 연에 있는 그 낭만 그 열정을 통해서 시간을 초월하는 사랑의 체온을 느낄 수 있다.

이름도 잊은, 오래된 연인과 거닐던 그 공간을 재생 복원하여 현장으로 불러오는 박인환 시인은 지금도 우리 안에 살아 있는 로맨티시스트이며 또한 realist다.

사랑의 어원은 사량思量, 많이 생각한다는 의미를 갖고 있다.

'앉으나 서나 당신 생각~' 아, 얼마나 실감나는 사랑 노래인가.

그가 자신을 소중히 여긴다는 사실을 느꼈을 때, 마음과 영혼은 꽃이 된다.

평생을 못 보아도 그리는 것이 사랑이다. 몸의 불꽃은 스러져도 영혼의 불꽃은 꺼지지 않는다.

아름다운 것을 지향하는 사랑 때문에 사람들은 이상을 향한 열정과 행복을 위해 어떤 고통도 감수할 수 있는 것이다. 사랑은 힘의 원천이다.

## Ice Coffee

ice coffee
목이
긴
유리잔에 비친
너의 눈빛

침묵보다
긴
언어의 미로

너의 향기에
지워져 가는
블랙커피 향

비우지 못해
남겨진
갈색 눈동자

흔들리는
긴 유리잔~.

— 7월, 그 lounge 기억, 이명희 詩

아담과 하와는 인류 최초 이성 간의 사랑이다. "뼈 중의 뼈!" 이 말은 모든 아픔, 슬픔, 기쁨, 행복, 고통을 함께 느낀다는 사랑의 극적 묘사다.

'인정認定투쟁': 인정받기 위하여 경쟁하는 인간의 심리 표출, 그 악센트다.

"잘한다, 잘생겼다!" 그 말이 듣고 싶은 게 소원이라는 어느 고령의 어른 말이 생각난다.

좋아하는 사람이 칭찬해 줄 때, 그 기쁨은 깃발이 된다.

'Non Ti Scordar di Me'(나를 잊지 말아요) 물망초가 된 연인의 간절한 호소, "나는 당신을  내 가슴에 담고 있소" 슬픈 고백이다.

사랑은 시공간을 초월하여 마음 안에서 살아 숨 쉬는 진행형임을 보여주고 있다.

외부 조건 변화에 의해서 잊혀지는 것은 사랑의 착각일 뿐, 진정한 사랑은 아니다. 왕자가 거지로 변해도, 그대로 그의 모든 것이 아름답게 보이는 것이 사랑이다.

그 유명한 '청춘극장'의 작가, 김내성 소설가의 연애편지

에피소드다.

"사랑하지만 이제 그대를 만나지 않겠소. 오랜 유학생활로 경제가 빈해 졌기 때문입니다. 그러나 당신을 위해서라면 군밤 장수도 할 수 있소."

속달 답장,

"아, 당신이 밤을 구우면, 저는 곁에서 숯불을 피우겠어요."

그의 빛나는 작품 배경에는 그 부인의 사랑스런 내조가 있다.

'이브는 내 안에 살고….'

그의 마음 안에 살아 있는 사랑을 노래한 박인환 시인! 눈물이 난다.

시인의 낭만과 사색이 젖어드는 이 여름날을 위하여 Cheers!

# 맛과 예술

맛과 예술은 멋의 근간이 되는 미학이다.

맛은 식탁에서 완성된다. 먹는 사람들에 따라서 음식은 예술이 될 수도 있고, 쓰레기도 될 수 있다.

'하늘의 양식을 내리어 주소서~' 이 노래는 출애굽기 16장 4절에 근거한 가사다. 물도 없는 사막에서 부르짖는 백성들의 간구, 그때 하늘에서 양식을 비같이 내리시니… 그것이 생명의 양식 '만나'다.

음식은 생명生命이다. 먹어야 살고 살아야 일을 할 수 있다.

소설 〈대지大地〉, 메말라서 쩍쩍 갈라진 땅에서 하늘을 향하여 비를 부르던 왕룽 부부의 처절한 모습이 지워지지 않는다. 미국 작가 펄 벅은 이 작품으로 노벨문학상을 받은 최초의 여성 작가다. 기근은 인류의 문제다. 1960년 그 상을 받은 그 해에 한국을 방문한 펄 벅 여사는 지게를 지고 소달구지를 몰고 가는 농부를 보고 한국이 한눈에 들어왔다고 한다. "짐을 나누어지는 위대한 나라, 아 얼마나 아름다운가!"

잘 먹고사는 것은 축복이다. 문제는 어떻게 먹느냐는 거다.

요즘 TV는 어디를 틀어도 먹고 먹고 또 먹는 먹방 행진 연속이다. 그 장면들~

"포집어 먹는 것도 죄여" 평소 하시던 어머니 말씀이다.

언론시장言論市場의 수요공급 차원에서 우리도 함께 생각할 문제가 아닐까. 고문 중에 가장 무서운 고문은 25시간 굶겨놓고 그 앞에서 숯불갈비를 뜯는 거다.

지금 한국은 일제강점기와 한국전쟁 이후 가장 번영과 풍요를 누리고 있다고 하지만 다는 아니다. 산해진미를 쌓아놓고 맛 타령을 하는 출연자들을 바라보는 사람들의 마음은 어떠할까. 눈물이 난다. 생활고에 지친 이방 나그네들도 있지 않은가.

맛 전문가 등장, 그들의 말 한마디에 식당들의 등급이 오르내리는 웃지 못할 해프닝이 벌어지고 있다. 맛의 기준이 무엇인가.

미감味感은 사람마다 다르다. 맛의 기억은 사라지지 않는다. 어려서 먹던 음식… "아, 이 맛이야!" 집 밥이 맛있는 이유다. 그것이 그 사람의 식성이다. 시대 따라, 지역 따라 그곳 소산물은 식재료가 된다. 남방 사람은 눈보라 날리는 북방 음식이 싱겁고, 북쪽 사람은 더운 남쪽 음식이 짜다. 기후 따라 간이 다르다. 산골에서 산나물만 먹고 자란 사람이 듣도 보도 못한 프랑스 푸아그라 맛을 어떻게 알겠는가. 입맛에 안 맞는 건 당연하다. 그렇다고 남의 나라마다 다니며 그 나라의 자존심, 일류 셰프가 정성껏 차려놓은 식탁에서 요리를 뒤적이며 인상을 찌푸리는 것은 국위선양에 해가 되는 행위다.

옛날 섬나라 일본은 수 세기 전만 해도 가난했다. 그 영주 시대에는 흉년이 들면 칼을 들고 이웃 영지領地로 쳐들어갔다. 양식糧食전쟁이다. 그때 싸우러 나가는 사무라이 손에 여인들은 주먹밥을 들려주었다. 그들에게 밥은 신神이다. 지금도 밥상 앞에서는 두 손을 모아 "잘 먹겠습니다."를 한다. 그렇게 잊지 않는 헝그리 정신이, 오늘날 세계경제대국으로 일본을 일으키고 있는 것이다.

맛 전문가들의 식당 음식 평가는 무리한 일이다. 레스토랑 요리는 대중의 기호에 맞춰 조리한다. 고유한 맛을 고집할 수 없다. 옛날 임금님의 수라상, 그 맛을 아는가. 레시피? 그때 물과 지금 물맛은 다르다. 물에 따라 장맛이 다르고 장맛은 음식 맛을 좌우한다.

양식은 하늘에서 내리는 선물, 생명 예술이다.
겸허謙虛히 오감으로 느끼며 감사하는 한…!

# 맛의 난무亂舞

"네가 맛을 알아?"

맛의 문화는 그 나라의 이미지다.

음식은 그 기후와 토양의 산물이며, 생태계에 의해서 식재료는 주어진다. 때문에 나라와 지역 가정마다 그 맛의 농도는 다르게 마련이다. 해서, 음식도 족보가 있다고 하지 않는가.

음식과 요리는 다르다. 음식은 생명의 기본 양식이다. 요리는 계층에 따라서 식재료 편차가 크다.

요즘 셰프들의 활약이 눈부시다. 태평성대의 풍요랄까, 아무튼 세계를 종횡하는 요리들, 맛의 열풍이 뜨겁다.

이제는 배가 고파서 먹는 시대는 끝난 것일까. 그냥 먹고, 먹고, 또 먹는 맛 풀이 영상이 난무한다. 단번에 대 일곱 식당을 다니며 맛 감별을 하는 모습을 보면 진땀이 난다. 배가 부를 때는 산해진미도 고문이다. 어머니 말씀이 생각난다. "포집어 먹는 것도 죄여!"

'식감, 육즙이 좌~악, 육질이 탱글…!' 그 맛의 관념어는 유행이 돼서 아이들까지도 맛 평론가가 되었으니, 밥상 차리기가 무섭다.

'생명의 양식', 그 성가가 들린다. '하늘의 양식을/ 내리어 주소서~' 이 노래! 두 손을 모으게 한다. 음식은 삶의 시작, 경이로움이다. 하늘이 내리는 만나~!

톰 닐론의 '음식과 전쟁'이 실감나는 얘기다. 중세기 영주시대는 흉년이 들면 풍년이 든 이웃 영지로 쳐들어갔다. 양식 때문이다. 바로 일본도 도요토미 히데요시(조선을 친…)가 통일을 하기 전 까지는 그랬다.

인류의 역사는 탐식貪食의 투쟁, 그 저자의 시니컬한 말이 왜 생각나는 것일까. 옛 음식, 조리법, 역사, 유럽을 강타한

흑사병에는 레몬에이드가 특효약이라는 기록이 있다. 대동아 전쟁 시 일본군의 각기병에는 보리 주먹밥이 약이듯이….

'고독한 미식가(일본드라마)'가 떴다. 그 내용은 일본에 있는 여러 나라 골목식당을 탐방, 혼자 조용히 낯선 맛의 이질감을 음미하며 다른 나라 음식의 본질을 긍정적으로 맛있게 묘사하는 지적인 대사가 세계 많은 나라의 호감을 불러일으킨다. 일본 요리를 전 세계에 알리는 시너지 효과 만점, 국익을 획득하는 기발한 기획이다. 그냥 맛의 열풍에 휘말려 생각 없이 웃고 떠들어 대는 오락물이 아니다.

한국에 처음 온 손님 식사 초대는 사전에 그 나라 음식, 습성, 기호를 알아서 메뉴를 선택하여야 한다. 이러한 배려 깊은 밥상은 소박할지라도 국제적 우정을 쌓을 수 있다. 자국인도 평소에 꺼리는 요리를 손님상에 올리고 게스트가 놀라서 코를 막고 얼굴을 돌리는 것을 보며 박장대소하는 연출, 부끄럽다. 그들이 갖고 가는 한국의 인상이 걱정된다. 밥상에서 장난치다 혼난 기억이 없는 것일까.

대만에 있을 때다. '초도푸'는 냄새가 코를 찌르는 민속 발

효음식, 같이 먹을 수 있어야 친구가 될 수 있다는 속설이 있음에도 불구하고, 손님상에는 절대 내놓지 않는다. 그것이 예의다.

'붕어 없는 붕어빵', 알지만 시비하는 사람은 없다. 그런데 오늘은 어이없는 광경을 봤다. 타코야키 포장마차 앞에서 맛의 대가로 알려진 사람이 타코야키에 타코(문어)가 없다고 호통을 치는 게 아닌가. 오사카 타코 맛이 아니라고 야단을 쳤다. 젊은 주인의 이마엔 진땀이 흘러내렸다. 여기는 한국이다. 오사카 본고장에서도 지역, 가게마다 맛이 다르다. 하물며 타국이야…

평양냉면도 고려호텔 내에 있는 '고려랭면'과 대동강변에 있는 옥류관 냉면은 맛도 고명도 다르다. 나는 고명이 섬세한 '고려랭면'을 더 좋아한다.

한국 비빔밥이 세계 항공 기내식 어워드에서 1등 수상을 했다. 한식 대표 요리로 부상한 것이다.

비빔밥은 궁중에서는 '골동반'이라 했다. 밥 위에 고사리, 도라지, 표고버섯, 숙주, 오이나물과 석쇠에 구운 불고기 다진 것을 얹고, 계란 황백 실체와 튀긴 미역 보숭이로 고명을 하고 잣과 빨간 실고추로 장식을 한다. 비빔밥 상에는 고추장, 간장, 참기름 종지 그리고 생선전과 맑은 장국, 나박김치를 올리면 품격 있는 한국 전통음식 진수를 보여 줄 수 있다.

마이클 잭슨이 한국에 왔을 때(1999년 6월) 전주 어느 가정에서 불현듯 내 온 비빔밥을 들며 "원더풀!", 그 후 그는 어디서나 코리아 비빔밥을 찾았다고 한다. 역시 한 사람의 감동으로 문화는 꽃을 피우게 되는 것이다.

"좋은 음식을 먹어 본 사람이 그 맛을 낼 수 있느니라." 어머니의 말씀이 갈수록 살아난다. 요즘 맛 풀이, 맛의 난무亂舞를 보시면 뭐라 하실지….

"어린 날의 맛 기억이 명인을 만드느니라."

맛은 그 나라의 문화다.

# 묵음默吟

낙엽이 지는 거리는 묵음默吟이다.

발길을 스쳐가는 시간의 조각들이 회로回路에 새겨져 다가온다.

인디애나와 켄터키의 접경지에 있는 'Blackberry Ridge'는 예쁜 심각지붕 집들이 넓은 원형 필드를 포옹하듯 마주 보며 빙 둘러 서 있는 홈 타운이다. 창을 열면 호수빛 하늘이 들어온다.

덩굴나무 울타리 너머로 혼자 놀고 있는 아이가 보였다. 나는 테라스 목조계단을 천천히 내려갔다. 옆집 사이에 있는 나지막한 담에는 노랑꽃이 드문드문 피어 있었다.

"Hi~!" 아이가 양손을 귀에 대고 젬젬을 했다. '?…!' 귀여운 미소다. 조용한 윤곽에 사알짝 그슬린 듯한 피부, 그 낯설지 않음이 마음을 끌었다. 아이는 나에게서 시선을 떼지 않았다. 한 손을 쫘악 펴 별모양 흔들었다. '음~ 5살!', 꼬마는 나를 보며 페달을 빠르게 밟았다. 자랑스런 눈빛이다. 그 다음 다음날도, 아이는 그 자리 그대로 자전거 페달만 돌리며 혼자 놀고 있었다. 이상했다. 고장 난 자전거? 아, 땅을 살짝 파서 바퀴를 고정시켜 놓았기 때문에 앞으로 나아갈 수가 없었다. 일종에 안전장치다. 길로 나가면 위험하니까.

낯선 새가 날아와 잔디 위를 걸으며 무언가 쪼고 있다. 부리가 부드러운 주홍색이다. 갈색 눈에 잿빛 날개~. 구름이 날아와 비를 뿌렸다. 새는 구름 한 조각을 물었다.

"Do you have any brothers or sisters?" 꼬마는 고개를 크게 끄덕였다. 그리고 손을 흔들어 보이며 집으로 들어갔다.

주말에는 켄터키에 있는 톰 아저씨 오두막을 찾아 나섰다. 드넓은 숲 비탈 아래 낡고 조그만 나무집이 보였다. 가슴이 두근거렸다. 어린 시절 스토우 부인의 '엉클 톰스 캐빈'을 읽으며 상상했던 그 슬프고 외로운 집이 아닌가. 얼굴은 검지만 하나님 말씀 그대로 정직하고 우직하게 주어진 삶을 살아가는 정이 많은 톰 아저씨. 그는 옥수수가 익어가는 자연에서 고향을 그렸다.

그의 눈물은 포스터(Foster)의 노래 테마가 되었고, 산골 소년 링컨 가슴에 인간애! 그 자유의 횃불을 들게 했다. 그들은 이웃이었다.

늦은 오후, 그 옆집 뜰에는 안경을 낀 남자가 책을 읽고 있었다. 보통 키에 마른 편, 검은 머리, 이탈리안? 그보다 그의 사색적인 분위기가 무심히 자란 풀꽃과 어울렸다. 30대 중반으로 보이는 그 남자는 책장을 넘기는 순간순간, 놀고 있는 두 아이에게 시선으로 대화를 나누었다. 세심하고 따뜻한 눈빛이다. 모처럼 아이들은 울타리 위를 오르내리며 함께 자전거를 타고 놀았다.

층계에 서있는 나에게 그 남자가 눈인사를 보냈다. 그리고 아이들을 가리키며 "My Sons…" 낯선 이방인에게 서슴지 않고 먼저 자기소개를 하던 꼬마, 역시 아빠를 닮은 것이다. 형은 노란 머리에 피부가 하얀데… '??' 아무튼 나이스한 가족이다.

후에 알았다. 아이는 입양아가 아니었다. 그 주州에는 위탁아동 제도가 있다고 했다. 정부의 지원을 받아 자녀같이 길러주는 Home Service다. 얼마나 아름다운 시스템인가.

돌아오는 기내에서, 애틀랜타 환승 라운지에서, 그리고 서울에 돌아와서도 그 태양에 그슬린 듯한 아이의 친근한 미소가 따라왔다.

가늘고 긴 보라색 꽃가지를 꺾어서, 나를 향해 흔들어 주던 그 아이의 순한 얼굴이 다가온다. 함께하고 싶은 친구같이….

늘 그리던 톰 아저씨의 작은 집 목초에 핀 little bell이 바람에 살랑이는 소리, 포스터의 '올드 블랙 죠' 그리고 아브라함 링컨의 생가, 통나무집으로 가는 우림, 그 여로의 조각들이 나뭇잎처럼 휘돌아 온다.

가을은 소리 없는 시다.

# 요람, 그 Liverty

델라웨어 강기슭에는 풀꽃이 한창이었다. 그 곳 한국전쟁 참전 용사 기념탑, 대리석 기둥마다 새겨진 한반도 지도에는 아프도록 선명한 전흔戰痕이 가슴에 비를 뿌렸다.

아, 필라델피아, 세계로 이어지는 아름다운 벤자민 프랭클린 브리지를 배경으로 떠있는 배들이 한가롭다. 그 시원한 바람에 흔들리는 요람을 즐기는 사람들의 휴식을 본다.

인디펜던스 홀에 있는 '자유의 종'에는 성경 한 줄이 새겨져 있다. "땅에 있는 모든 사람들에게 자유를 공포하라." 그 사운드를 들으며 역사의 카오스에 빠진다. Ice coke 한 잔을 마시며 하늘을 올려다보았다. 구름색이 진해지는 듯해서 서둘러 차에 올랐다. 비가 쏟아져 내렸다. 우선 보이는 건물에 차를 대고 들어갔다. 천둥 번개가 쳤다. 빛이 어둠을 뚫고 들어왔다. 그렇게 얼떨결에 들어간 곳은 아주 유명한 호텔이었다. 본의 아니게 우아한 디너가 됐다.

뉴욕에서 바라 본 안개비에 젖은 'Statue of Liberty', 전쟁과 독재, 가난을 피하여 대서양을 건너온 이민자를 따뜻하게 반겨 주었다는 횃불을 든 자유여신상은 다시 보아도 예술이다.

미국독립 100주년 기념으로 프랑스가 보낸 축하 선물이다. 파리의 조각가 바르톨디와 에펠의 공동 작품이다. 센 강에 있는 아담한 자유여신상은 미국의 답례품이라고 한다. 우정의 인증 샷!

이민자의 천국, 각자의 고국을 생각하며 살아가는 아메리칸, 그래서일까, 미국의 포크송(Folk Song)의 주제는 대체로 'Going Home'이다.

'엉클 톰스 캐빈'을 읽으며 눈물을 닦던 어린 날이 생각난다. 피부는 검지만 착한 아저씨, 성경을 가슴에 품고 목숨보다 선을 지키는 우직한 노예의 삶, 그의 위안은 자연, 여름이면 옥수수가 자라는 것을 바라보며 귀향의 꿈을 그리는 것이었다.

드디어 나는 톰 아저씨가 살던 켄터키의 오두막을 찾아갔다. 아, 그 광활한 숲에 한 점으로 보이는 잿빛, 그것은 그냥 건초창고, 사람이 살 수 있는 집이 아니었다. 3평 남짓 공간….

포스터(Foster)는 이 오두막을 보며 많은 악상이 떠올랐다고 한다. '스와니 강', 'Old Black Joe', '나의 올드 켄터키 홈' 등~, 포스터 박물관은 오두막을 마주하고 있었다. 벽난로와 촛불이 있는 아늑한 집이다.

## 오두막, 그 아메리카

이명희

톰 아저씨의 오두막
여름날 검둥이 시절
그 검은 얼굴에 핀
눈물꽃

포스터의 가슴은
뜨거운 강물이 되었지
멀고 머~언 나의 고향
그 자유가 있는 곳
찾아가는 노래는
숲속에 울려 퍼지고
그
이웃 청년 링컨
또한
횃불을 높이 들었지
아, 오두막 그 아메리카여!

아름드리 나무로 꽉 찬 링컨 생가는 작은 통나무집이었다. 그의 성장기는 미 서부 개척기, 때문에 학교를 다니기 어려웠다. 가난도 이유겠지만 교통문제도 있지 않았을까. 자동차로 달려가는 그 긴 시간 동안 나무만 보이는 깊은 산골이었으니까.

아브라함 링컨 생가 국립 역사 파크에는 그의 58세 생애를 상징하는 58개의 계단 위에 하얀 대리석 박물관이 있다. 산골 소년이 고학으로 변호사가 되고 16대 대통령! 자유, 그 신념의 결과가 아니겠는가. 그의 가장 찬란한 업적은 30만 흑인 노예를 해방시킨 것이다.

링컨 대통령은 기독교인, 하나님으로부터 받은 사명을 실천한 존경지수 세계 1위다.

오두막에 핀 방울꽃들이 이슬비를 맞으며 자유를 속삭이고 있다.

미국 독립의 산실 필라델피아에는 지금도 살아 있는 50명 참전 용사들이 한반도의 자유, 그 종전을 위해 기도하고 있다.

동족상쟁은 노병老兵들의 가슴에 문신이 되었다.

아, 그대들은 자유의 종鐘이였노라!

# 유리문

유리문에 비친 정원은 눈의 향기다.

후드둑 떨어지는 낙엽을 밟으며 카페로 가던 길이 그립다.

그 겨울부터 봄도, 여름도 잃어버린 채, 집 안에서 바라보는 이 가을이 슬프다.

COVID-19, 그 앞에서 전 세계가 떨고 있는 것이 낯설다. 최첨단 과학시대, 다 되는 줄 알았다. 우주과학, 생명공학, 복제 양까지~ 그 호기豪氣는 어디로 간 것일까.

마스크 한 장에 의지하고 스쳐가는 사람을 피해야 하는 거리의 침묵, 그 텅 빈 상점, 레스토랑, 웃음소리가 사라진 적막

한 거리는 재앙이라고 바이블은 말한다.

지구 밖에서 생명체가 존재하는 행성을 찾아 날아다니던 어느 우주 비행사의 말이다.

"최악은 혼자 살아남는 거다."

맞다! 너와 내가 없는 1인칭 세상, 사랑의 부재不在는 형벌이다. 하이파이브! 인간 절정의 기쁨과 그 포옹도 차단시킨, 비대면非對面 사회, 혼자 강변을 걷고, 혼자 숲길을 산책한다면, 과연 행복할 수 있을까. 아니다. 그것은 스스로 고독을 즐기는 낭만과는 다른 문제다. 혼자 춤을 추게 하는 이 상황이 아프다.

백신(vaccine)이 없다. 누가 만들 것인가. 생소한 virus, 그 전쟁은 시작인가 끝인가.

인간의 한계 앞에서 무릎을 꿇는 것이 기도다. 생명生命은 신의 영역이다. 인간 스스로 다 할 수 있다는 망상에서 깨어나야 할 때가 아닐까. 우주를 얼마나 아는가. 겨우 4%라고 한다. 하늘 위에 하늘을~ 우주 만상의 질서를 아는가. 돌 하나, 나뭇잎 하나, 그 꽃들이 피고 지는 생명의 순환을...

인공지능, 그 가슴 없는 쇳덩이가 인간의 감정까지 지배하게 된다는 미래 문학은 사양한다. 사람과 사람의 만남에서 전해지는 따뜻한 몸과 마음, 그 교감에서 느끼는 스피리쳐(Spiritual) 파워, 그 사랑이 문학의 본질이라는 당연한 사실이 새삼 각인됐다.

워즈워드는 당시 모순된 사회를 피하여 숲속 호반에 살면서도, 사색, 담화, 손님 대접을 즐겼다. 일상을 살던 그때가 시인에게 '위대한 10년'이 된 것은 그의 걸작 대부분이 그 시기에 나왔으니까.

그러나 오늘의 문제는, 사람과의 거리를 둬야 한다는 점이 안타깝다.

이를 위하여 페니실린을 발견한 플레밍(Alexander Fleming)의 기적을 믿으며 기도한다.

하늘은 생명체의 질서, 그 비밀의 문이다.

바라보는 유리문에 빨간 단풍이 흩날리고 있다.

# 인디펜던스, 그 풀꽃

여름이 오고 있는 필라델피아 광장에는 가는 비와 엷은 구름 사이로 금빛 햇살이 비쳤다. 미국 독립역사의 깊은 카오스를 말해 주듯….

델라웨어 강기슭에는 풀꽃이 한창이었다. 그곳 한국전쟁 참전 용사 기념탑, 대리석 기둥마다 새겨진 한반도 지도에는 아프도록 선명한 전흔戰痕이 가슴에 비를 뿌렸다.

아, 필라델피아, 세계로 이어지는 아름다운 벤자민 프랭클린 브리지를 배경으로 떠있는 배들이 평화롭다. 그 시원한 바람에 흔들리는 요람을 즐기는 사람들의 휴식을 본다.

인디펜던스 홀에 있는 '자유의 종'에는 바이블 한 구절이 새겨져 있다. '땅에 있는 모든 사람들에게 자유를 공포하라.'

아이의 유펜(U PENN) 졸업식 날은 화창했다. 공항에서 천둥번개 기상예보를 듣고 염려했던 것과는 달리…. 덕분에 교내 넓은 옥외 원형 플라자 스탠드에는 졸업식 축하 인파로 꽉 찼다.

"하늘의 천둥을 잡은 남자"로 알려진 벤자민 프랭클린(Benjamin Franklin, 1706~1790)은 정치가, 언론인, 또한 과학자로 세계 최초로 '피뢰침'을 발명했다. 그리고 그는 1740년 필라델피아 다운타운에 U PENN을 설립한 교육자다. 트럼프 대통령과 억만장자를 제일 많이 배출하기도 한 아이비리그(IVY League) 유펜, 역시 그 대학 학위수여식은 울림이 크고 연출이 화려한 퍼레이드였다. 사각모에 꽃과 새 신발을 신은 졸업생들의 행렬이 그랬다. 자유로운 질서가 보였다. 가운을 입은 채로 거리로 식당으로 밀려가는 학생들을 향하여 손을 들어 축하해 주는 시민들, 그 날은 온 필라델피아가 축제였다. 지워지지 않는 영상이다.

졸업식 날을 비켜 간 천둥번개는 다음날 갑자기 우루~룽 쾅~쾅~ 검푸른 빛이 폭발했다. 얼떨결에 들어간 곳은 그 유명한 R Hotel, 본의 아니게 우아한 만찬이 되었다. 랍스터, 스테이크, 칵테일에 음악과 샹들리에…. 근사한 기분으로 "Check please" 내가 내민 크레디트 카드를 보며 웨이터가 당황스럽게 말했다. "I'm sorry…." 지금 번개가 쳐서 카드 작동이 안 되고 있다는 것이다. 아, suspense! 천재지변이 실감되는 순간의 스릴, 그러나 새로운 과학 상식과 일반 레스토랑과 편차가 없는 식대食代, 아~하! 웃음이 터졌다.

비가 멎은 거리 하늘은 칵테일 색, 더해서 무지개까지~ 완전 반전이 아닌가.

프랭클린은 명문장가로 토마스 제퍼슨(Thomas Jefferson) 미국 제3대 대통령과 독립선언문 기초문안 위원이다.

Independence 홀에서 독립선언서를 발표한 필라델피아는 19세기 미국 수도로 가장 큰 도시였다. 상공업, 금융, 예술, 그 역사의 무게만큼 석유 생산과 뮤지엄, 그리고 필라델피아 오케스트라는 유명하다.

'미국이 어떻게 큰 나라가 되었는가' 올바른 이익 추구 등~ 자본주의의 조건을 제시하기도 한 프랭클린은 많은 저서를 통해 청교도 사상으로 지도한 청년들의 정신적 아버지였다. 그리고 도서관 발달의 선구자다.

미국 독립의 산실, 필라델피아에는 지금도 살아 있는 50여 명의 참전 용사들이 한반도의 자유, 그 종전을 위해 기도하고 있다. 동족상쟁은 노병老兵들의 가슴에 문신이 되었다.

아, 그대들은 자유의 종鍾이었노라!

# 장벽, 그 봄날

경계선에 핀 봄, 그 생명의 박동은 하나의 꽃을 피웠다.

노동 공구工具로 인테리어를 한 나지막한 레스토랑의 촛불, 그 가득 메운 사람들의 떠들썩한 웃음소리가 낯설었다. "Guten Appetit!" 흑맥주 잔을 세차게 부딪치며 건배하는 독일인들의 그 우렁찬 목소리, 그 어리둥절한 분위기 속에서 나는 그렇게 특이한 수프에 맥주를 타서 마셔야 했다. 간을 맞춘 것이다. 칼로 베어 먹는 거대한 학센, 그 식욕을 감당할 수가 없었다.

베를린, 그 장벽이 무너지고 하나가 된 독일은 그렇게 함께 풍족한 식사를 하고 있었다.

'Frohe Ostern~!!' 부활절을 축하하는 하늘색 달걀 모양의 카드가 헤르만 헤세가 일하던 서점 유리창에서 손을 흔들어 주었다. 남부 튀빙겐 네카강 언덕에 자리한 중세 귀족이 살던 예쁜 대학마을에서 헤세의 시적인 문장을 실감할 수 있었다.

동서가 만난 독일 부활 축제는 온 도시, 마을마다 교회와 성당 종소리가 울려 퍼지고, 거리 상점, 호텔은 에그아트 장식을 하고 휴가를 즐겼다.

이스트사이드, 그 베를린 장벽에서 듣는 우렁찬 종소리를 어찌 잊을 수 있겠는가! 뜨거운 눈물이 흘렀다. 그렇게 분단 상처가 아물어가는 길목에 서서 연주하는 바이올린의 가냘픈 선율은 구동독의 그림자, 그 석양에 비낀 노스탤지어를 본다.

지금도 서독 국민들은 통일세를 내고 있지만, 하나의 국가가 된 독일은 크게 보였다.

19세기 루드비히 2세는 시, 음악 예술 애호가였다. 그의 별장에 세운 콘서트홀, 깊게 인상에 남았다.

철벽같은 이데올로기도, 게르만 민족의 긍지!, 문화 예술,

종교, 역사는 그들의 뿌리 깊은 민족의 동질성을 뛰어넘을 수 없었던 것이다. 국가 지도자의 콘텐츠가 중요한 이유다.

비가 그친 해맑은 파란 하늘에, 두 마리의 하얀 비둘기가 작은 목木 십자가상에서 만나는 벽화, 그 이스트사이드, 부활절 종소리에서 소망의 별을 본다.

# 조병화 선생님의 초대

"저희 집에 초대하면 오시겠어요?" 조병화 선생님이 물으셨다.

"? … 아, 네~!"

60년대 말 어느 초겨울 안국동 버스 정류소였다. 그날은 어느 문인의 출판회 겸 인사동 조촐한 한옥 음식점에서 모임을 마치고 헤어지던 길이었다. 다른 분들은 구두끈을 매는지 보이지 않았다. 당시 나는 문인이 아니었기 때문에 선뜻 대답을 못하고 말끝을 흐렸지만 마음은 확실히 "네"였다. 평론가 윤병로 부인, 나의 이름 '이명희'로 살던 시절이 아니었으니,

내 의사 결정엔 늘 꼬리가 달렸을 때다. 아무튼 조병화 선생님이 누구신가, 당대의 그 유명한 시인으로부터 직접 초대를 받았다는 것은 영광이요 기쁨이 아닐 수 없다.

"조 선생님이 꼭 당신과 함께 오라고 하셨는데…"

여느 때는 제자들이 '사모님도 같이 가시면…' 그 말이 떨어지기도 전에 슬쩍 혼자 가버리던 사람이 아니었던가. 난 속으로 쾌재를 불렀다.

"조 선생님 감사합니다! 꼭 가겠습니다."

옷과 머리 그리고 구두까지 짠~. 집을 나서니 윤 교수 눈이 둥그레졌다. '이거다!' 애기 엄마, 그 스타일이 도망가 버린 것이다. '흥, 난 이명희!'

조병화 시인 댁은 혜화동 저택, 파티는 코스로 나오는 청요리, 당대 최고의 명사들, 요즘 아이돌 말로 "Wow~ 럭셔리!!" 선택받은 긍지를 만끽할 수 있는 문단 스타들의 잔치였다.

조병화 선생님 사모님은 지성과 덕을 겸비한 의사, 경기중학교 다니는 자녀들, 그야말로 보기 드문 엘리트 가정, 무엇이 더 있어야 할까, 젊은 내 눈에는 그저 경이로울 뿐이었다.

나의 수필집 〈행복이 드는 길〉에 수록된 '명사名士들, 그 기억의 램프', '시인의 선물'에 그날 명사들의 이야기를 디테일하게 그려 놓았다.

1987년 4월, 윤병로 PEN문학상 수상, 그 상장을 내가 대신 나가서 받게 되었다. 그때 전숙희 회장님과 나누는 악수는 바늘방석 같았다. "저, 대신 왔어요. 윤 교수가 대만 교환교수 중이라…." 대리, 겸연쩍은 관계다.

돌이켜 보면 조병화 선생님은 나 스스로 자신의 이름을 갖고 살아야 하는 이유를 알려주신 분이다. 그 존경과 감사한 마음을 시와 수필로 썼지만, 늘 미흡해 송구스러웠다.

지난해 6월, '문학의 집. 서울' 기획 전시에, 한 부스가 주어져서 '문인의 숨겨진 재미를 보다' 에 조병화 시인이 주신 선물, 그림 '오월의 빛'과 가을 뚝배기 등을 전시해서 많은 문우들이 재미있게 관람을 했다. 조 시인의 다정한 정서를 보여주는 또 다른 면모, 감동이 전해지는 애장품이다.

그분의 고향은 경기도 안성 난실리, 윤 교수가 실향민인 걸 아시고, 당신의 마을에 자그마한 동산을 마련하라고 하셔서

한 오천 평 되는 야산을 사고, 주말이면 가서 밤도 줍고, 그렇게 조 선생님의 그림 그리시는 모습도 뵙곤 했다. 커다란 밀짚모자에 파이프를 비스듬히 무시고, 헐렁한 셔츠를 입으신 조병화 시인은 그야말로, 헤르만 헷세가 있는 전원 풍경 그대로였다. 그분은 평소 말이 없으시고 눈빛만 보여서, 어진 경기도 말씨, 그 아다지오 음성만 기억에 남아 있다. 학장學長실에는 밤송이가 담긴 조그만 왕골소쿠리와 잣뚝배기가 책과 나란히 놓여있었다. 늘 고향과 차茶를 향유하는 시인. 고향은 그 시인의 어머니고 예술이었다.

그렇다, 고향은 산 좋고 물 좋은, 시냇물이 흐르는 시골이면 고향이 되는 것이 아니다. 태생, 자신이 나서 자란 곳, 어머니 모태의 사랑이 숨 쉬는 곳 아니면 그리운 고향이 될 수 없다. 해서, 야산은 절실히 원하시는 그 고향 분에게 구입한 가격으로 드렸다.

지금도 길을 가다 주홍빛 산나리 꽃을 보면, 조병화 시인의 미소가 떠오른다.

스페인 바르셀로나 올림픽 마라톤 금메달, 황영조 기념비가 있는 몬주익 언덕에는 조병화 시인의 축사가 하얀 돌에 새겨져 있었다. 아! 얼마나 자랑스러운 대한민국 국민시인인가.

구름 따라 머문 그 자리, 그 마음, 지금도 잊을 수가 없다.

# 제 4 부

# Noel, 그 겨울

# 차림, 그 브런치 타임

'밥상을 차리다', '정신을 차리다' 생경한 대입법 같지만, 반면에 유사성이 보이는 것도 사실이다.

"식당마다 웬 여자들이 대낮부터 이렇게 많은 거야."

요즘 남자들, 아니 어른들이 한 마디씩 하는 말이다.

"집안 살림은 어쩌고…."

한참 모르는 소리다.

IT 시대라는 말은 이제 진부할 정도로 사회는 광속光束으로 변하고 있다. 디지털 시대는 우선 인간의 몸으로 할 수 있는 모든 기능은 손가락 터치 한 번으로 밥도 되고, 빨래. 청소는 물론, 사람의 지능까지도, 대신해 주고 있는 세상이 아닌가.

어머니가 딸에게 요리법을 전수해 주는 시대는 지났다. 스마트폰 레시피가 엄마를 대신하는 세상, 오히려 아이들이 엄마에게 알려 준다. 오늘 TV에서 P선생이 된장찌개, 짬뽕, 어쩌구~ 엄마 손맛도 P선생이 대신해 주는 집밥, "엄마가 왜 필요하지?" AI, 그 인공지능 시대를 사는 아이들의 사고방식이다.

집 밥상은, 식당 굴비정식 7천 원짜리와 경쟁이 안 된다. 이미 상업적 맛 내기에 익숙해진 사람들, 식당으로 몰려들 수밖에 없다. 싸고, 더 맛있고, 장보고, 다듬고, 씻고, 그 노동시간, 재료값을 디지털 계산기가 어떤 것이 현명한 선택인지 친절하게 알려 준다.

그렇게 기계가 벌어 준 시간을 여성들이 낭비하느냐? 아니다! 자녀교육, 집 자산 관리, 살림 정보에 전문적 식견을 얻기 위해서 밖으로 나와 Cafe, 도서관, 문화회관, 영화, 건축 전시회 등을 찾아다녀야 한다. 가족은 서로 파트너십이 성립 돼야 한다. 소셜 네트워크를 통해서 분초分秒를 다투어 성장하는 아이들과 소통하기 위해서, 생산적 지혜, 지식, 새로운 정보의 보고가 돼야 한다. 아니면 존재 가치에서 밀려 나서 외로운 눈물이 되기 전에, 스마트한 엄마가 되는 준비를 해야 하지 않을까.

오늘날 여성들이 식당에서 밥을 먹는 이유, 그 이면사를 열어 본다. 식구들의 밥상 한번 차리려면, 부엌을 100번 이상 드나들어야 한다. 정신 차려~ 국, 밥, 나물, 김치, 구이, 젓갈, 야채를 챙기고 또 챙겨도 상차림 앞에 겨우 앉아 수저를 들라치면, 짜다, 싱겁다, 소금, 간장, 물~ 그 시중들다 보면 식어버린 국, 숟가락 들 기운조차 없어진다.

요리는 식탁에서 완성된다. 사람마다 혀의 감각은 그때 컨디션에 따라 달라진다. 각자 소스로 맛을 내서 들어야 한다.

특히 여자들이 여행을 좋아하는 것은, 볼거리, 문화 그 보다, 남이 차려 주는 따뜻한 밥상과 깨끗이 세팅된 포근한 이부자리 때문이기도 하다.

인간은 누구나 대접받는 기쁨 속에 행복을 느낀다. 물론 섬기는 기쁨이 크다고 하지만… 그 차원은 다르다.

'대접받으려면, 먼저 남을 대접하라'

— 성서

한국 여성들은 이미 유교 전통, 구습에 눌린 가정에서, 찌들도록 가사에 시달리고 있다. 심리적인 압박으로… 직장에 나가는 여성들도 크게 다르지 않다.

어느 시인의 말이다. "요즘은 와이프가 가산을 늘린다는데…. 우리 집사람은 집 밖에 통 모르니~" 뭔가 아쉬운 눈치다.

시대가 원하는 가치가 달라졌다. 여성들은 그 새로운 가치 창출효과를 알아야 한다.

요즘 여성들은 질 높은 정보가 있는 곳을 찾아 뛴다. 덕분에 일이 잘 풀리면, 식당에 들려 우선 따끈한 칼국수 한 그릇으로 나만의 휴식을 누리고, 그 에너지로 가정 일은 일사천리가 되는 것이다. 고운 눈으로 봐주시기를….

요즘은 레스토랑마다 브런치 타임이, 여성들로 꽃을 피우고 있다. 그곳엔 인문학이 있고, 경제, 경영, 음악, 회화 그리고 스마트한 디자인 라이프가 있기 때문이다.

'지혜로운 여인은 자기 집을 세우되… (잠언)

여성이 행복하면 가정과 나라가 행복해지는 것이 아닐까.

# 크리스마스 불빛

Hello~! from L,

첫눈이 내린다. 팽팽해지는 겨울 공기가 크리스마스 불빛을 받아 스노우 볼이 된다.

12월이 좋다. 차가운 날씨 탓일까. 사람들 마음이 내면으로 파고든다. 그곳엔 잠가 둔 사랑이 있기 때문?…!

아득히 머~언 옛날, 친구로부터 날아온 크리스마스카드 한 장은 그간 살아온 서러운 날들을 하얗게 지워버린다. 하늘빛 카드, 그 동그란 Flower Wreath 안에는 아기 Jesus와 손을 모은 엄마의 기도손에 들꽃이 웃고 있다.

'Where is he now?'

영어 교제 글 중 한 제목이다. 느릅나무에 기대어 먼 하늘을 바라보던 그 소년의 우수 잠긴 눈빛이 늘 생각난다. '보고파', 그 말은 목화송이 같이 포근한 그리운 정이 담긴 낱말로만 알았는데….

성탄절이면 난롯가에서 성가를 연습하던 시절, 화음이 고조에 달했을 때 세상에는 우리들만 존재하는 줄 알았다. 탁탁 튀어 오르는 장작불 향기에 취해서….

느릅나무 소년의 눈빛에서 우리를 본다. "보고 싶다." 이 언어는 아픔! 슬픔…! 그 의미가 아닐까.

> '– 거룩하게 입맞춤으로 서로 문안하라.'
>
> — 고린도후서 11:13

친구의 편지는 보너스다.

우리 집에는 50여 년이 넘은 카드들이 있다. 연도별로 구분하여 봉투마다 문인文人, 제자, 국내외 친지, 친구, 그리고 가족들 이름을 써 둔 소중한 보물이다. 문득 펼쳐보다 격조했던 그 사람에게 전화, 엽서를 띄워 정情의 고리를 찾는다.

학생 때는 벌써 11월이면 광화문으로 종로길을 따라 크리스마스카드를 사러 친구들과 몰려다녔다. 온통 거리가 선물을 풀어 논 듯 들뜨게 했으니까….

이맘때면 크리스마스 Topping~ 감동 스토리가 생각난다.

미국 경제 대 공황기, 유대계 루마니아인 미국 이민자 리얼리즘이다. 그는 조그만 마을 지역신문에 광고를 냈다. "어려운 이웃들이여! 나에게 편지를 보내면 10달러씩 보내 드리겠습니다. 그날부터 가난한 사연이 담긴 편지들이 쇄도했다. 아, 사막에 물샘이 터진 것이다. 사랑! 그 편지의 기적이다.

크리스마스 시즌이 가장 옥시토신(감사호르몬) 분출지수가 높다고 한다.

'Merry Christmas'가 되는 이유다.

사회가 불안할 때 사람들은 본능적으로 서로의 안부를 묻게 된다. 오히려 부족한 가운데 돕는 손길이 늘어나는 아이러니, 인생은 수학이 아니다.

우리의 소녀시대도 어려웠지만 아껴 둔 용돈으로 카드를

사서 정성껏 글을 올려 빨간 우체통에 넣었다. 흰 눈이 내리면 그 발자국이 대견했다. 받아보고 기뻐할 얼굴을 상상하면서….

아, 지금은 스마트 시대~ 카톡 실시간 영상 소통도 좋은데 왜 친필이 그리운 것일까.

'Great War', 전선의 크리스마스 에피소드 감동은 국제법 사례에 기록되는 이른바 크리스마스 휴전이라는 기적을 만들었다. 허밍으로 번져가던 캐럴, 트리 장식, 영英, 독獨 병사들의 선물교환 그리고 전쟁이 빨리 끝나기를 함께 기도하고 각자의 벙커로 돌아갔다. 인간애, 그 승리다.

나는 상상을 한다. 전선의 트리에는 아마도 병사들의 양말, 목수건, 초콜릿, 그리고 촛불 대신 수색용 플래시…?

함박눈이 휘날리는 참호에서 고향집 가족을 그리며 캐럴을 부르는 병사들의 볼을 타고 흘러내리는 눈물을 본다.

"누구를 위하여 종은 울리나"–헤밍웨이.

고등학교 음악부에서 위문을 갔었다. 빈약한 난롯가에 시력을 잃은 용사들이 기다리고 있었다. 대표 인사…,

“지금 창 밖에는 하얀색 눈이 날리고 있겠지요.” 우리는 소리 죽여 울었다.

“전 고려대학 재학 중에…, 저는 최전방에서 눈을…, 그래도 기억으로 세상 색깔은 볼 수 있습니다. 그러나 애인 얼굴이 보고 싶군요.” 그는 훤칠한 미남이었다. 돌아오는 길, 눈을 뜬 사람들이 염치없이 보였다.

아마도 이 겨울은 국내외로부터 문안편지가 쇄도하지 않을까 한다.

핵 위협과 극치의 사회불안이 소멸되는 그 크리스마스 기적이 일어나기를 기도한다.

“보고 싶다! 사랑한다!”

순례~ 그 길을 가는 이유다.

크리스마스 불빛으로 그 길을 보며….

# 타인의 기쁨, 그 감사

무언가 나뭇잎이 흔들리는 색채의 변화를 바라본다. 지나간 날들이 뿌연 유리문 위로 걸어간다.

아다지오 스케치, 그 촉이 무언가를 그려 가고 있다. 나무인 듯 사람인 듯 안개 젖은 불빛이 흐르는 그라데이션, 교회 첨탑 실루엣이 보인다. 노란 별빛이 번져가는 하늘에….

분명한 것은 살아가며 만난 사람들, 그 누군가의 성공을 바라보며 기뻐하는 것이 행복이다.

중국 당나라 관리 누사덕의 이야기다.

"형과 아우가 함께 출세하여 황제의 총애를 받으면 타인의 시샘이 클 터인데….”

어찌 그 옛날 그 나라만의 염려겠는가. 요즘같이 불꽃 튀는 경쟁사회에서는 말할 나위도 없겠지만, 지혜로운 사람은 그 큰 나무의 그늘이 얼마나 시원한가를 안다.

얼마 전 대구에서 열리는 문학행사에 참석, 시내 투어가 흥미를 끌었다.

서문시장 모퉁이에 허술한 국수가게가 재벌 이병철 회장이 1938년 처음 문을 연 ‘삼성상회’ 옆에 있던 살림집이라고 했다. 5평 남짓, 전화기 한 대를 놓고 ‘별표 국수’를 빼기 시작, 제분, 설탕, 제일 모직, TV, 반도체, 스마트폰까지~, 한국 경제 내명사가 된 것이다. 글로벌 지식 정보 산업의 별, 삼성 그룹 회장은 대구의 경제 인물 브랜드다. 서문시장은 대구에서도 서민 중 서민 시장, 지금은 유명한 관광 코스가 되었으니 이웃의 성공을 그 어찌 기뻐하지 않을 수 있겠는가. 강동 오백 리가 아니라 이제는 지구를 돌고 돌아서 일자리, 첨단기기, 생활문화, 그 삶의 질까지 높여 주었다. 감사한 일이다.

‘감사 호르몬’ 뉴스다. 하버드, 버클리 의대가 발표한 ‘옥시토신'은 감사할 때 생기는 호르몬으로 신체 전달력이 가장 크고, 놀라운 것은 노년 세포가 청년 세포로, 운동 신경 장애 재활, 합병증 예방하는 옥시토신! 장수 시대 복음이다. 젊게 오래 살며 그 축적된 지적 기능을 사회에 기여할 수 있는 건강한 인력, 파란 신호등이다.

"범사에 감사하라!" 성서는 이미 이천 년 전에 명령했다. 무병장수의 key를 준 것이다.

얼마 전, 소녀시절 알던 친구가 세계적인 석학이 되었다는 신문 기사를 보게 됐다. 이렇게 기쁠 수가! 친구를 보면 그 사람을 안다고 했던가. 그렇다. 좋은 친구는 보물이다. 세속의 성공 기준을 떠나서 옛 이야기를 이어갈 수 있는 서로에게 괜찮은 친구가 되기 위해 사람들은 노력하는 것이 아닐까.

단테는 소년기에 겨우 두 번 본 베아트리체를 생각하며 평생을 좋은 남자가 되기 위해 글도 쓰고 정치 종교 분야에서 빛을 발하는 생애를 보냈다. 단테의 '신곡'에서 선(善)을 추구하는 그의 모습을 보여 준, 세계 명작은 그녀의 영향이 컸다고 한다. 베아트리체를 처음 본 피렌체의 베키오 다리는 연인들의 로망이다.

오늘은 다음호에 나갈 연재 칼럼과 월간 문학지에 매달 실리는 시 두 편을 써야 한다. 머리가 바쁘다. 왜? 좋은 친구가 되기 위해서….

"학창 시절을 함께 보낸 친구들은 우정과 추억, 사랑이 뒤엉켜서 머물렀던 시절, 모든 사람은 개체가 아니고 전체였던 것 같아…." 심리학을 전공한 어느 선배의 말이다. 맞는 말이다. 발효된 긴 세월, 어디서 어떻게 지내는지 바람결에 들리는 한 사람의 소식은 모두의 옛날이야기로 돌아가게 한다. 샘물을 휘휘 저어 바가지로 마시는 그 시원한 동심을 나누며 살아 갈 수 있는 내일을 기다린다. 무엇을 하며 무엇이 된 것은 중요하지 않다. 건강하게 살아 있다는 소식만으로 충분히 기쁘고 감사하니까.

"어, 언니 더 확대해 보니 '인간人間 슈바이쳐'를 쓰신 우리 이일선 목사님, 알아보겠어요. 아이구 반가워라! 이런 것을 kakao로 서로 share 할 수 있으니… it is so nice!! 엄마나~ precious한 original book을 지금까지 갖고 계시다니," I am proud of you, I am so happy tonight ^^!!"

'문학의 집. 서울'에서 '아홉 문인의 숨겨진 재미를 보다' 주제로 애장품 전시 중 나는 그리운 정물情物을 꺼내 놓았다. 나의 길을 인도해 준 분들이 주신 선물들이다. 유년시절 존경했던 한국의 슈바이쳐로 불리던 이일선 목사님을 중심으로 문단의 월탄 선생의 글, 조연현 평론가, 조병화 시인, 정한모 장관, 구상 시인, 박경리 소설가, 홍성유, 정을병 그리고 신봉승 작가에게서 받은 격려가 되는 글과 선물, 수 십 년 오래 보관한, 1965년 박재삼 시화전 작품, 해외 기억 소품들, 그 전시 부스를 카톡으로 찍어 보냈더니 실시간 현장 실물을 보며 육성이 묻은 축하! 문자가 날아온 것이다. 좋은 세상, 이제 먼 곳은 없다. "아, 산호세 친구 고마워요"

타인의 기쁨을 감사할 수 있는 사람이 진정으로 성공한 사람이 아닐까.

무언가無言歌, 멘델스존의 아련한 선율이 Remembering 되어 가고 있다.

# 페르시아 시장

페르시아 시장의 낯설고 익숙한 풍경은 만화경을 들여다보는 듯 신기했다.

이란의 수도, 테헤란에 있는 '서울거리'에는 히잡을 쓴 여인들이 파란 삼성쇼핑백을 들고 걸어가는 것이 보였다. 뭔가 가까워지는 느낌이다. 이란은 여행자도 일단 입국할 때부터 머리에 스카프를 둘러야 한다. 그래서 비자 사진도 수건을 쓰고 찍어 붙였다.

일정 중에 전통시장을 들렀다. 어느 나라든 여행객들이 백화점보다 흥미를 갖는 곳은 재래시장이다.

어린 시절 집에 클래식 LP판에서 흘러나오던 선율이 이상하게 기억에 남았는데, 후에 알고 보니 그 곡목이 '페르시안 마켓'이었다. 환상적이랄까 그랬다.

바로 그 페르시아 전통시장을 들어서는 순간 아라비안나이트, 그 요술에 홀린 것 같았다. 세상의 온갖 색깔이 쏟아져 엉켜 번쩍이는 현란한 하모니에 빠져 정신없이 시장 안을 누벼야 했다. 사고 보고 먹고 또 보면 안 살 수 없는 진귀한 수제품들이 마냥 싸고 아름다웠으니까—. 모자이크 법랑접시, 벽시계, 사슴뿔양각액자, 그림, 요술램프, 꼬마 양탄자 등~ 꽃정원 같은 각색 과일, 채소들의 향기로운 진열대, 산뜻한 텐트 안에 연이은 먹거리~~

지난 연말에 '청년수당'이 나왔다. 현금이 아니라, '재래시장상품권'으로 받았다는 것이다. 이유는 재래시장 살리기~ 좋은데, 청년(24세만 해당)이 시장에서 뭘 사야 할지, 글쎄 찬거리? 아니면 빈대떡, 돼지껍질과 막걸리? 물론 신발, 체육복, 그보다 그들은 취직자리를 찾아서 당장 전철, 버스를 타고 여기 저기 종일 뛰어다니다 보면 밥값, 커피 값이 급한 거다.

새로운 업종이 생겼으니, 그것이 '재래시장상품권 삽니다'. 30%를 때고 현금으로 교환해 주는 곳이 모퉁이에 있다고 하니… 복지법, 좋은데, 무리수 없는 현실적인 방안을 다시 생각해 보면 어떨까.

"이거 받아도 되나? 묻지말고 주었으니~ 아, 우리 시市에 사는 사람은 몽땅 극빈자란 말인가? "

"엄마가 알아서 쓰시고요 돈으로 주셔용.^^"

그 시내에 있는 시장만 가야 한다니… 음! ~ 딸기와 최고 마블 소고기 등심을 덜컥 사 왔다니!

"그래 잘 써대라. 아빠 세금이 또 올라가겠군"

이보다 더한 아이러니가 또 있을까? 억지춘양도 유분수지, 딱이다! /시장에서 문안받는 것을~ / 마 23;7

북촌에 이어 서촌이 뜨면서 통인시장은 관광객 할 것 없이 젊은층들이 줄을 잇는다. 즉석 수제어묵, 기름떡볶이, 꽂이떡, 들고 다니며 먹는 미니도시락, 시장 사이 사잇길 안에, 미니튀김집, 국밥, 손국수집~ 그리고 바닷가에서 먹던 추억의 작은 꽃게튀김~ 바삭 바삭, 싱싱채소, 과일, 위생 분위기 새

단장을 하니, 재래시장상품권 없이도 성황을 이루고 있다.

전통시장은 언제나 잔칫집 대문을 들어섰을 때, 그 설렘으로 남아 있다. 과일과 떡, 지짐 냄새가 섞여 풍기는 그 구수함은 형용할 수 없는 기쁨이었다.

이번 세밑에 5일장이 선다는 모란시장을 별러서 찾았다. 아, 그 규모가 대단했다. 전철에서부터 사람과 사람들이 몰려들었다. 등산복인 듯한 차림의 중장년 웬 남자들? 아, 그런 거였군! 시장 복판을 가로지르는 대형 텐트 안에는 거대한 먹거리 판마다 사람들로 꽉 차있었다. 8도 음식이 다 있었으니까.

아쉬운 것은 틈새 모퉁이마다 밭에서 막 따온 듯한 푸성귀나, 집에서 갓 쪄내 온 하얀 김이 모락모락 나는 무시루떡, 팥죽동이 등은 안 보여서 그 옛날 기억에 남은 그 푸근한 장날 기분이 들지 않었다.

이방인들이 전통시장을 찾는 것은 그 나라만의 고유한 풍물, 풍속도를 볼 수 있기 때문이다. 우선 소박한 시장상인들의 전통의상, 언어, 인심, 장인의 솜씨 등을 보고 듣고, 저렴

하게 구입하는 재미다.

## 시골 장날 기억

/ 인심 좋은 공짜 푸짐한 덤이 좋아서/
/ 엄마는 이것 저것 소쿠리 풍성한 귀갓길 /
/ 달구지 흙길도 흥겨웠다./

— 이명희 시詩 중에서

아! 'In a Persian Market', 그 교향곡이 흘러나오는 오후가 좋다.

# 하루

나뭇잎들이 꽃이 되는 계절이다.

그 가을이 좋다. 초록빛 일색一色이었던 나무들이 그만의 원색을 띄우는 가을 나무는 사랑이고 사색이다.

깊고 두터운 그리움이 쌓여가는 나날들, 'stay-at-home' 그 정원은 많은 말을 걸어온다.

비정상 일상을 살아야 하는 그 조건을 던진 Terrible Virus는 사랑의 상징, 그 포옹도 차단시켰다.

너와 나를 위하여 '거리'를 두어야 한다는 것이, 얼마나 아이러니한 일인가.

한계점에 선 인간 사이의 공간, 그 고독한 실존을 묘사한 화가 자코매티의 뼈대만 앙상한 인물의 입상立像은 쉬르레알리즘(Surrealisme) 미학이라고 보기에는 너무 참혹하다.

지금 우리가 겪고 있는 '거리' 두기는 공간의 개념이 아니고 완전 격리다.

두려움이 두려움을 부른다는 말이 있다. 언제부터인가 지구 재앙을 테마로 한 영화가 폭발적인 인기를 끌기 시작했다. 폭설, 대홍수, 괴력 인간, 그로데스크한 우주인의 침공, 그리고 좀비 등, 다가오는 미래를 그토록 끔찍하게 그려낸 참상의 배경은 어디로부터 온 것일까. 예언인가, 흥행興行인가, 아니면 대비對備적 제안인가'?

아무튼 2020년은 최첨단 디지털 시대다. 특히 21세기 핵심 분야 중 하나로 꼽히고 있는 뇌 과학은, 인간의 질병과 수명까지도 자유자재로 조정할 수 있게 된다는 보고서를 쏟아내고 있다.

지병持病 없는 장수長壽, 그 스마트한 미래, 그 꿈에 세계는 들떠 있었다.

하늘은 높고 땅은 넓다. 먹고, 마시고, 입고, 볼 것이 넘치는 세상, 하루면 땅 끝까지도 갈 수 있는 교통 메커니즘은, 사람들이 지구 곳곳을 누비고 다니게 했다. 그 자긍심이 하늘을 찔렀다.

벼락같이 날아든 정체불명의 초강력 '바이러스 C'는 온 세계를 떨게 하고 있다.

백신이 없다. 인간의 최첨단 과학, 그 한계를 본다.

생명은 신의 영역이다. 인류 역사상 가장 높은 기도 소리가 들린다. 교회는 폐문되었다. 예배는 온 라인으로 드린다. 집이 골방 기도처가 되었다. 백신 처방이 속히 나오도록 기도한다. 페니실린을 발명한 플레밍(Alexander Fleming), 그의 기도를 떠올리며… 무릎을 꿇는다.

문학은 비대면 예술이다. 낙엽이 휘날리는 가로수 길을 걸어 카페로 가던 날이 언제였던가. 그 겨울부터 봄, 여름이 지나고 또다시 가을까지 칩거蟄居 근 일 년을 매너리즘에 빠지지 않고 지낼 수 있었던 것은, 책을 읽고, 글을 쓰는 일이 있었기 때문이다. 원고 마감에 쫓기다 보면 하루해가 짧다. 연재하는 글은 숨이 차다.

음악이 아름다운 것은 쉼표가 있기 때문이 아닐까. 사람에겐 휴식休息이 음악이다.

나는 빈의 숲 산책을 즐기며 악상을 떠올리던 브람스의 교향곡 3번 3악장을 즐겨 듣는다. 낭만과 우수의 저음이 무겁게 흐르는 장엄한 선율은, 고독한 실존의 아픔과 함께 소울(Soul), 그 여행 메이트가 되어준다. 이탈리아 파가니니의 바이올린 협주곡 4번 D단조 2악장에 붙인 시, 사랑의 아리아 "Io Ti Penso Amore"(나 그대만 생각해, 내 사랑).

생각만으로도 행복해지는 친구가 있는 사람은, 행복한 사람이다. 이 세상에 태어난 보람이 아니겠는가.

데카르트의 "penso, dunque esisto" (나는 생각한다. 고로 존재한다) 이제야 실감되는 이 한마디를 떠올리며 살아가는 나날이 되었다. 사람을 만날 수 없는 공간, 즉 '진공'의 존재가 성립되는 것은, 생각이 있기 때문이다. 사랑은 삶의 이유다.

이 메일이 떴다. "Wow!... 그 ...Dr S, ?!" 45년 만에 날아든 옛 친구 메일이다. 나의 소녀 시절 개성을 지금도 기억하는 사람, 그 누구보다도 내 글을 좋아하는 친구다.

"I am very glad you keeping a very healthy and safe daily routine and also doing a lot of writing."

생사生死의 비상이 걸린 하루하루, 잊고 있던 친구도 살아나게 한 것이다.

팬데믹으로 인하여 달라진 그의 외국생활 소식이다, 아침 일찍 혼자 골프를 치고, 한국 참외를 먹으며, 그의 5개국 강의 스케줄이 캔슬, 〈journals articles〉에 발표되고 있다고 했다. 비행 차단은 세계적인 석학을 만날 수 있는 길도 막았다.

사람과 사람의 만남에서 전해지는 따뜻한 몸과 마음, 그 교감에서 느끼는 스피리처(Spiritual) 파워, 그 사랑이 문학의 본질이라는 당연한 사실이 새삼 각인된다.

플레어에 LP판을 올리고 책을 편다. 종이 냄새가 좋다. 촉감이 나뭇잎 같다. 전자책이 채울 수 없는 그 감성 터치, 바로 그 거다.

가을 정원에 비가 내린다. 건물 사이로 보이는 茶집, '木馬'에 불이 켜졌다. 어느새 저녁이다. 하루의 축복, 그 빛이다.

## Corona virus

인간의 한계 앞에서 무릎을 꿇는 것이 기도다.

돌 하나, 나뭇잎 하나 그 꽃들이 피고 지는 생명의 순환, 그 질서를 아는가.

이 시대는 최첨단 과학, 의료, AI, 복제 양 등~, 인간 만능의 창조 역사를 구가하기 위하여 속도전을 벌이고 있다.

이제 다 할 수 있는 줄 알았다. 안심하고 먹고, 먹고 또 먹고 마시며, 더해서 세계 곳곳을 누비며 맛 여행까지~ 그렇게 즐기는데 몰입했다.

뭐가 잘못된 것일까. 인간들의 오만방자? 하늘 높은 줄 모르고 너무 튀었나?

코로나19! 그 앞에서 전 세계가 떨고 있는 이 상황이 낯설다. 우주과학, 생명공학 그 호기呼氣는 어디로 간 것일까.

마스크 한 장에 의지하고 스쳐가는 사람을 피해야 하는 한산한 거리~ 텅 빈 상점, 카페가 슬프다. 사람이 안 다니는 거리는 재앙이라고 바이블은 말한다.

오늘도 나는 현관문을 굳게 닫고 아이들 방문도 차단시켰다. 서로 마스크를 쓰고 2미터 간격을 유지하며 만나야 한다는 긴장이 싫어서다.

현관 벨이 울렸다. '산토끼 토끼야 어디로 가느냐~' 우리 집 인터폰 멜로디다. 가슴이 덜컹했다. 문 렌즈를 통하여 흰 마스크를 쓴 막내 얼굴이 떴다. 문을 여는 순간 헉~! 서로 놀랬다. 내가 마스크를 쓰지 않았기 때문이다. 슈퍼마켓 봉투만 낚아채 듯 접수하고 탕 문을 닫았다. 생존生存, 앞에서 인간이 얼마나 냉정해질 수 있는가, 그 사실을 알게 되는 순간이었다.

친구가 보낸 카톡 동영상을 본다.

엄마가 아기를 불렀다. 아기가 다가오는 순간, "에~취~!"

엄마의 기침소리에 놀라서 "오~으~헝~!!!" 소스라쳐 도망가는 아기 기저귀가 뒤뚱거렸다. 오늘의 답이다.

백신이 없다. 누가 만들 것인가. 최첨단 과학과 생소한 바이러스, 그 전쟁은 시작인가 끝인가.

어느 과학자의 말이 생각난다. 한 프로젝트를 놓고 머리를 싸매고 긴~긴 시간을 연구에 몰두해도 풀리지 않을 때, 어느 날 꿈에서 실험하는 자신을 보고 깜짝 깨어서 그대로 하니까 완전 성공! +a (plus alpha)!!!

인간의 한계 앞에서 우리는 겸손히 두  손을 모아 기도할 때가 아닐까. 인공 지능 그 쇳덩이가 인간의 가슴 그 감성까지 지배하게 된다는 미래 문학은 사양한다.

이번 전염병을 인하여, 사람과 사람의 만남에서 전해지는 그 온기가 그립다.

이를 위하여 바이러스 백신 처방이 속히 나오도록 기도한다.

페니실린을 발명한 플레밍(Alexander Fleming), 그 기적을 믿으며…

하늘은 생명체의 질서, 그 비밀의 문이다.

# Forest 포엠

숲과 빗방울, 그 짙푸른 미소를 본다.

물은 나무를 살리고 나무는 물을 살린다.

'마라의 쓴 물에 나뭇가지를 던지니, 단 물이 되었더라.'
— 출애굽 15:2

숲 사이로 흐르는 물은 맑다. 자작나무 사잇길 10리, 걸어도 걸어도 지치지 않는 것은 물소리, 새소리, 헤엄치는 작은 개울 물고기, 손을 담그고 바람을 느끼는 바로 그 시가 있는 나뭇잎 사이로 반짝이는 하늘빛 때문이리라.

록키산 깊은 숲 호숫가에 뷔페, 그 타오르는 장미 빛 석양은 뮤지컬 무대 조명처럼 황홀했다. 저녁이 내리는 벤프의 거리, 그 산딸기가 있는 카페를 어찌 잊겠는가. 한 마디로 '잠자는 숲 속의 미녀', 그 동화의 나라를 거닐었다.

금년 6월은 천리포, 안면도, 그리고 시가 울리는 인제군 자작나무 수림을 다녀왔다. 서해안의 거대한 정원엔 버지니아 벚꽃, 시계초, 얼굴을 아래로 향해 피는 클레마티스 꽃은 수줍은 소녀의 발그레한 볼빛이다. 허리를 굽히고 올려다봐야 그 아름다운 모습을 볼 수 있다니… 이방인이 찾아와서 조성해 준 천리포 숲, 그 외국인의 마음 같다.

워즈워스 시인의 전성기 배경은 숲속 호수였다. 그는 한때 프랑스 혁명에 공감, 그러나 자연의 일부가 되는 순수한 삶을 택한 그는 나무 아래 수선화 같은 시를 쓰며 살았다.

고집 세고, 까다롭고, 고독을 좋아하는 그를 가리켜 그의 어머니는 말했다. "유명한 사람이 아니면 악인이 될 것이다."

골짜기 수풀이 있는 낭만적인 풍광, 그의 고향은 워즈워스가 유명 계관 시인이 되게 했다. 왕실에서 부여하는 영광을 누리게 된 것이다. 코울리지 등 그의 문인 친구들의 영향도 한 몫을 했다.

제2차 대전 격전지였던 독일 아헨은, 지금 숲을 가장 아름답게 가꾼 도시로 유명하다. 나무 굵기와 높이, 간격이 일정한, 휘어진 나무가 하나도 없는 푸른 숲, 그 산책길은 그대로 사색이고, 철학이고, 음악, 문학이다.

영국의 작곡가 아놀드 박스는, 예이츠 시에 반해서, 지금도 성에 마법사가 살고 있을 것 같은 아일랜드의 신비로운 숲을 찾아다녔고, 그의 음악은 시각적이고, 풍경화가 음조에 그려졌다.

미국의 저명한 시인, 소로우와 프로스트 또한 산림 오두막, 비워서 얻은 자유로운 영혼으로, 몸과 마음의 치유를 받고, 명작 '월든', '가지 않은 길'을 남겼다.

자작나무와 샹송, 그 달콤하고 나른한 분위기는, 후기 낭만시대 Sleeping에 빠져들게 했다. 살랑이는 멜론색 나뭇잎, 은빛 나뭇가지를 타고 흐르는 꿈같은 선율은, 신비로운 광휘光輝, 바로 그거다

아, Forest 포엠이여 !!!

# God Jul !

눈송이가 하얗게 날리는 크리스마스는, 상상만 해도 설렌다.

2020 크리스마스! 그 의미가 던지는 무의식 탄성~

"God Jul !"

여기가 아닌 먼~ 먼 곳으로 마음이 달려간다.

북구의 기독교 국가 스웨덴은, 1년 중에 가장 각별한 명절이 크리스마스다. 오후3시면 벌써 백야白夜, 그곳은 초겨울부터 트리, 집, 거리, 상점들은 빛의 소리로 가득 차고, 은색銀色 숲에는 그 전설 속의 '슬레이프니르'가 선물을 싣고 미끄러지

듯 달린다.

햇빛이 드는 시간이 짧고, 겨울이 긴 북구는 촛불, 그 빛에 의지해야 살아남을 수가 있었다.

나는 트리 장식 바구니를 꺼냈다. 그리고 전나무의 비닐을 벗기고, 전구 소켓을 꽂았다. 장식 한 개 한 개, 그 이야기에 눈물이 가슴을 타고 흘러내렸다.

페르시아 블루, 터키의 레드, 포르투갈 블랙, 댈러스의 레몬, 프라하의 별, 그리고 이탈리아의 천사, 스페인의 촛불, 그 반짝이는 방울들이 지금은 세계의 눈빛같이 슬퍼 보인다.

아기 예수가 오신 마구간 미니어처를 펴서 벽난로 위에 올려놓았다. 지붕에 노란 별빛이 비친다. 빛의 힘, 무언가 마음이 편안해진다. 그리고 조용한 기쁨이 인다.

"Merry Christmas!" 결혼 초부터 한 해도 거르지 않고, 온 가족이 모여 성탄 예배를 드리고 음식을 나누며 선물을 주던 크리스마스 이브, 그 행복한 추억으로 선물 포장을 한다.

스웨덴의 크리스마스는 크고 기다란 식탁 위에 칠면조, 케이크, 고기, 생선, 감자, 스프, 컬러풀한 디저트 등으로 가득 채운, 'Julbord'라는 크리스마스 상차림 풍습이 있다.

바이킹 시대의 식문화다. 집을 떠나서 오랫동안 바다의 폭풍과 싸우다가 무사히 돌아온 바이킹족은 음식상이 푸짐해야 했다. 개인마다 식성에 따라 맘껏 즐길 수 있는 뷔페식이다.

스칸디나비아 반도, 그 같은 문화권의 나라, 노르웨이, 핀란드, 스웨덴은 빌딩 높이로 국력을 과시하는 것과는 거리가 먼, 자연환경 제일주의 나라다. 건물의 높이를 제한한다.

곧게 자란 침엽수, 그 울창한 숲과 호수, 맑은 공기, 그 자연과 최첨단 기술(특히 의료기)은 그들에게 부강한 나라를 선물했다.

노벨상을 수여하는 스웨덴!, 그 축복을 받기까지, 바이킹 역사는 너무도 춥고 험난했기 때문에, 더욱 감사 축제를 크게 하는 것이리라.

핀란드에는 산타클로스 마을이 있다. 세계 어린이들이 보내는 크리스마스 카드에 답장을 보내주는 곳이다. 그 주소가 있다.

Santa Claus, Main Post Office,

96930 Napapiir, Finland.

"이번 크리스마스 선물은, C.V 백신을 받고 싶어요."

그렇게 산타마을에 카드를 보내고 싶은 겨울이다.

이젠, 마음으로 크리스마스 여행을 떠나야 하는 이 겨울은, 촛불을 더 많이 켜야 하리라. 나와 타자他者를 위하여, 말없이 눈으로 보고, 귀로 듣는 크리스마스트리, 캐럴, 그 성탄의 의미는 무엇일까.

"고요한 밤~ 거룩한 밤~" 그 깊은 뜻을 묵상해 봐야 할 때가 아닐까.

/평강의 왕이 오시니, 다 평안하여라/
/그 소란하던 세상이, 다 고요하도다/

/이 죄악 세상 살 동안 새 소망 가지고/
/저 천사 기쁜 찬송을 들으며 쉬어라/

— 찬송가 112장 中

크리스마스 마켓이 열리는 스톡홀름 광장에서, 내가 산 유일한 장식은 조그만 크리스탈 촛대였다. 투명한 청색이다. 레몬 빛 동그란 초를 꽂으면 램프 같다. 20여 년이 지났어도 바라보면 행복하다.

'God Jul !' 이 스웨덴 단어의 뜻은 Merry Christmas!

신앙적인 어휘, 그 뉘앙스(nuance)의 터치~!

2020 성탄절, 우리 집 트리 장식은, '크리스마스 여행'을 떠난다. 기도하며…!

# Noel, 그 겨울!

첫눈이 나리는 날에는 트리에 불을 켠다.

방울과 별 그리고 실버 벨이 반짝거리는 순간, 확 열리는 동화의 문으로 들어간다. 소란한 세상 Bye~!

소공녀의 음습한 다락방, 그 조그만 창에도 하얀 눈이 내린다.

소공녀가 자투리 초에 불을 붙이는 찰나, 아, Noel~! a Magic!!

크리스마스 식탁이 차려졌다. 케이크, 칠면조 구이, 소고기 수프, 인도 원숭이가 날라 온 과일들의 향기~, 장작불이 타는 벽난로는 차가운 골방을 따뜻한 공기로 가득 채웠다. 소공녀의 낡은 누더기 옷도 공주의 드레스로 변했다. 오랜만에 그의 눈빛은 파랗게 빛났다.

그날도 기숙사 마루를 닦고 그 많은 허드렛일로 피곤했지만 소공녀는 기도를 했다.

아버지가 부르던 캐럴이 들린다. 눈물이 흘러내렸다.

영국 귀족이 다니는 여학교에 아빠 크루즈 대위의 손을 잡고 환대를 받으며 입학했던 때가 그리웠다.

그러나 아버지의 전사 통보를 받는 순간 소공녀는 학교 하녀로 전락했다.

쥐가 들락거리는 지붕 밑 골방, 굳은 빵 한 조각도 쥐에게 떼어 주었다. 그리고 공부를 못해서 왕따를 당하는 외로운 친구에게 불어도 가르쳐 주며 역경의 시간을 의미 있게 보낸다. 마음만은 공주의 품위를 잃지 않았다.

"아냐, 그럴 리가 없어. 아버지는 그 어디엔가 살아 계실 거야"

검은 빵은 흰 빵으로, 말라빠진 생선 꽁다리는 로스트 치킨

으로 그렇게 모든 것을 아름다운 것으로 상상하며, 얼굴에 미소를 담고 살던 그 어느 날 가을,

"아…?! 아버지!!!"

"오, 사랑하는 내 딸 Sara(히브리어: 공주)!, 아빠는 너무 부상이 심해서 죽은 줄 알았는데… 네 기도 덕분에 다시 살아난 거야, 고마워"

손을 흔들며 교문을 나서는 소공녀를 배웅하러 나온 학생들 뒤에 못된 교장의 얼굴은 홍당무가 됐다.

Sara는 부유한 신분과 행복을 되찾았다.

크리스마스, 오늘도 거리 노점상들이 눈발이 푸슬푸슬 날리는 빌딩, 그 찬 모서리에 바짝 기대어 살아가는 치열한 삶을 본다.

찐 옥수수를 파는 아줌마는 어느 날 눈이 부리부리해 졌다. 쌍꺼풀 수술을 한 거다. 질세라 꽃장수 아줌마는 더 크게 했다. 아무튼 손님을 대하는 로드 비즈니스에 투자한 것이 아닐까.

지하철 입구에서 30년 동안 실과 바늘, 고무줄 등 잡화를 파는 좌판 할아버지, 그들은 영하 10도가 오르내리는 매서운

날씨에도 털모자를 눌러쓰고 장사를 한다.

어쩌다 그들이 안 보이면 걱정이 되는 것을 보면 서로가 모르는 사이에 친구가 된 것이 아닐까.

어느 날, 푸성귀 아줌마가 "아이구 어쨔… 어 엉~" 울며 "왜 갑자기 거둬 치우랴, 10년이 넘도록 단속 한 번 없더니… 애들 아빠가 아프지만 않아도…"

"오늘 것은 다 팔게 해 주시지요. 집에 있는 아이들 생각을 해야지…"

단속원은 돌아섰다. 힐끗 쳐다보더니 고개를 숙였다. 아는 얼굴이다.

사람은 누구에게나 잠재된 본향적 그리움이 있다.

이 채소 아줌마는 세 뼘이 채 안 되는 벽 모리에 쪼그리고 앉아 철 따라 현지 흙 내음이 나는 야채 한 줌, 산딸기, 오디, 매실 등~ 계절의 산물產物을 알려 준다.

효자 아들이 모셔온 아파트에 사는 할머니들의 대화방도 이 노점이다.

햇마늘, 풋콩도 함께 까주며, 이런저런 시골 이야기를 나누며 답답한 하루를 소일하는 고향의 텃밭이다.

노점인들은 도시, 그 어두운 빌딩 틈새를 비추는 생명의 빛이다.

Bon Noel~! 소공녀의 기도가 그들에게도 이루어지기를 바라며~.

# Terrible Virus !

오늘은 새소리도 들리지 않는다. 산으로 날아간 것일까.

"stay-at-home" 멀리서 보낸 친구의 당부, 그 마음이 고마워 그날부터 칩거蟄居 5개월, 자고 깨면, 처음 하는 일이 창문을 활짝 여는 것이다.

COVID-19, 사람과 사람의 격리에서 오는 그리움을, 유리창에 비친 전나무. 독일 가문비나무, 그리고 솔잎에 맺힌 빗방울이 위로해 준다. 8월 들어, 마냥 짙푸른 초록 잎이, 바람이, 꽃들이, 손을 흔든다.

전 세계를 하나의 문제로 떨게 만든 Terrible Virus 앞에서 그 최첨단 과학시대는 고개를 숙였다. 우주과학, 생명공학, 복제양 등, AI 만능 시대를 외치던 그 호기는 어디로 간 것일까.

백신(Vaccine)이 없다. 누가 만들 것인가. 생명은 신의 영역이다. 기도 할 때다.

그 목을 조여 오던 무역전쟁, 핵무기, 우주개발 경쟁은 더 이상 탑 뉴스가 아니다. 어제의 가치가 허상虛像이 되어버린 것이다.

'헛되고, 헛되도다.

– 전도서 1:2

생존 앞에서 인간은 단순해진다. 먹고, 일하고, 사랑하고 그리고 기도하는 것이다.

문제는 팬데믹(Pandemic)으로 안하여 일자리 공간이 폐쇄된 것이다. 굳게 문을 닫은 상점들이 늘어선 거리의 침묵, 텅 빈 레스토랑, 카페 앞에서 하늘을 본다.

먹고, 먹고 또 먹으며, 뒷골목 식당까지~ 맛집을 휩쓸며 몰려다니던 사람들은 모두 어디로 갔나.

비대면非對面 문화는 비극이다. 사람을 피해야 하니, 마주 앉아서 茶도 마실 수 없고, 연인끼리 포옹도 차단된 오늘이 슬프다.

한마디로 이러한 해체 현상은 융합시대를 구가하는 이 시대의 아이러니다.

세계는 이미 〈산업 4.0〉을 넘어서 〈혁신 5.0〉 : '살아 있는 혁신(Living Innovation)'에 돌입했다. 이는 모든 기업, 정보 기술, 의료 과학, 경영 그리고 예술, 문학 장르까지도 그 컨버전스(Convergence)
에서 이탈하면 살아남을 수 없는 상황이다.

시대는 배경이다. 인간은 주어진 환경에서 살아갈 수 있는 길을 찾고, 극복할 수 있는 지혜가 있는 생태적 동물이다.

C-바이러스가 삶의 패턴을 급변急變 시키고 있다. 우선 공간 개념이 사라졌다. 온-라인 시대가 부상浮上함으로 물류유통 시스템, 재택근무在宅勤務, 학교 수강까지~, 재미있는 것은 외국 유학도 비싼 비행기 타고 갈 필요가 없어지는 게 아닐까. 세계 명문대학들이 다투어 디지털 수강을 개설하면, 각

자의 위치에서 하버드 박사 학위도 취득할 수 있겠다는 가상을 해본다.

태양과 바람을 마셔야 산다는 아이들의 주장에 밀려, 덕소 강변 노천 Cafe 村을 찾아갔다. 그 강변 따라 긴~ 시골길은 사람보다 자동차가 더 많았다. 주말도 아니고 평일 인데… 돌아가자고 했다. 어쩔 수 없이 끌려들어 선, 시골 카페는 아이비가 휘감긴 영국 전원풍 디자인으로 한껏 치장을 했지만, 사람이 밀집된 그곳은, 도시 탈주민들의 결사적인 휴식처休息處? 아무튼 거리 두기는 어려웠다.

人 + 木=休 : 사람+ 나무= 休息이라!

산 따라 물 따라 산다면, 숲속에 통나무집을 짓고 살던 미국 시인, 데이비드 소로우, 그 삶이 어떨까.

통계상으로, 지독한 Virus 로드는 대도시로 잡중되어 있다는 상황에서 한 번 고려해 볼만 한 일이다.

재택근무가 일반화된다면 굳이 도시의 비싼 집에 살 이유가 있을까.

러시아는 가난한 사람들도 주말 하우스가 있다. 숲이 있는 토방에서 휴일이면 쉰다. 특히 스웨덴 여행을 하다 보면 호숫가에 아주 작은 빨간 집들이 드문드문 있는 것을 볼 수 있다. '사색의 집'이라고 했다. 부러웠다.

문학은 비대면 예술이다. 글 쓰는 작가는 지장이 없다. 무지개를 보면 설레는 가슴이 있는 한!

하늘엔 달보다 하얀 해가 떴다. 잿빛 구름 사이로~, 새 또한 날아오리라.

계간문예수필선 117

이명희 수필집 _ 사랑은 남는 것

초판 인쇄 2021년 1월 7일

초판 발행 2021년 1월 12일

지 은 이 이명희

회 장 서정환

발 행 인 정종명

편집주간 차윤옥

펴낸곳 도서출판 계간문예

편집부 03132 서울 종로구 삼일대로 30길 21 종로오피스텔 1209호

주소 03132 서울 종로구 삼일대로 32길 36 운현신화타워 305호

전화 02-3675-5633 팩스 02-766-4052

인쇄 54991 전북 전주시 완산구 공북1길 16, 신아출판사

이메일 munin5633@naver.com

등록 2005년 3월 9일 제300-2005-34호

ISBN 978-89-6554-233-9 04810

ISBN 978-89-6554-118-9 (세트)

값 15,000원